Rezepte aus deutschen Landen

Die Rezepte sind — wenn nicht anders angegeben — für 4 Personen berechnet.

Wir danken folgenden Firmen für die freundliche Unterstützung: AMC, Bingen
Burda, München
ZEFA, Düsseldorf

© **Copyright:** 1985 by Ceres-Verlag
Rudolf-August Oetker KG, Bielefeld

Redaktion: Christa Schlüter-Zeitz (Ltg.)
Roswitha Lange

Titelfoto und Kapitel-Doppelseiten: Christiane Pries, Borgholzhausen

Innenfotos: Christiane Pries, Borgholzhausen
Thomas Diercks, Hamburg
Herbert Maass, Hamburg
Arnold Zabert, Hamburg

Manuskript: Wolfgang Helmentag, Bielefeld

Satz: Hanke + Pettke, Bielefeld

Reproduktionen: Pörtner + Saletzki, Bielefeld

Druck: Mohndruck, Gütersloh

1. Auflage

ISBN 3-7670-0194-2

Dr. Oetker

Rezepte aus deutschen Landen

Ceres-Verlag
Rudolf-August Oetker KG
Bielefeld

Welchen Charme hatte doch
Großmutters Speisekammer: selbstgebackenes
Brot, hausgemachte Wurst und all die Zutaten für
die bäuerlich-rustikale Küche wurden darin aufbewahrt.
Die Speisekammern sind selten geworden, die Gerichte
der damaligen Zeit haben jedoch nichts von ihrem Flair
eingebüßt und die Zahl ihrer Liebhaber wächst von
Jahr zu Jahr. Grund genug für uns, ein Buch für sie zu
schreiben, das traditionelle und für die einzelnen
Regionen typische Gerichte enthält, damit Sie in vollen
Zügen in lukullischen Erinnerungen schwelgen können —
wie zu Großmutters Zeiten.

Die norddeutsche Küche — von der Waterkant zum Binnenland

Seite 12–37

Haben Sie schon einmal Heidschnuckenbraten probiert? Bei den Heide-Bauern hat dieses Gericht Tradition. Salbei und Thymian geben die besondere Würze. Das Rezept finden Sie auf Seite 24.

Die westdeutsche Küche — Gutes von Rhein und Ruhr

Seite 38–63

Inhaltsübersicht

Die mitteldeutsche Küche — das essen die Hessen
Seite 64—85

Rheinischer Sauerbraten ist über die Landesgrenzen hinaus bekannt. Es gibt zahlreiche Abwandlungen.

Aber Honigkuchen und Rosinen gehören immer dazu. Unser Rezept steht auf Seite 52.

Die Pfälzer Küche — den Winzern in den Topf geschaut
Seite 86–105

Linsensuppe aus der Pfalz ist kein gewöhnlicher Eintopf. Denn die Winzer haben hier mit Rotwein gekocht. Sie sollten diese raffinierte Variante einmal probieren. Das Rezept finden sie auf Seite 88.

Die südwestdeutsche Küche — Schlemmereien aus Schwaben und Baden

Seite 106–137

Ländliche Küche einmal ganz anders. Die zarten Bachforellen auf Seite 114 überzeugen auch verwöhnte Gaumen. Den besonderen Pfiff gibt die Soße mit Rosmarin. Servieren Sie dazu einen Weißwein.

Die bayerische Küche — vom Frankenland bis zum Allgäu
Seite 138–163

Wer Bayern kennt, liebt sicher knusprig gebratene Schweinshaxen. Unser Tip: Versuchen Sie einmal Kalbshaxe mit Kraut und Knödeln. Die Rezepte finden Sie auf den Seiten 146 und 147.

Die ostdeutsche Küche — Traditionelles von Berlin bis Ostdeutschland   *Seite 164—195*

Ihren Ursprung haben die Königsberger Klopse natürlich in Ostpreußen. Doch wem ist ihr zarter Ge-schmack nicht vertraut? Wie sie perfekt zubereitet werden, steht auf Seite 178.

Die norddeutsche Küche –
von der Waterkant zum Binnenland

Friesische Buttermilchsuppe

1 Scheibe Fladen- oder Schwarzbrot	in kleine Würfel schneiden
1 Eßl. Butter oder Margarine	zerlassen, das Brot darin leicht anrösten, warm stellen
1 Zwiebel	abziehen
50 g durchwachsenen Speck	die beiden Zutaten fein würfeln
1 Eßl. Schweineschmalz	zerlassen, Zwiebel- und Speckwürfel darin anbraten, warm stellen
1 l Buttermilch	mit
1 gehäuften Eßl. Weizenmehl	verrühren, unter Rühren zum Kochen bringen, kurz aufkochen, mit
Salz frisch gemahlenem Pfeffer	abschmecken, auf vier Suppentassen verteilen, auf jede Portion jeweils einige Brot-, Zwiebel- und Speckwürfel geben
Kochzeit:	Etwa 1 Minute.
Beigabe:	Weißbrot.

Hamburger Aalsuppe (Foto)

2 Bund Suppengrün (Möhren, Porree, Sellerie)	putzen, waschen
50 g durchwachsener Speck	die beiden Zutaten in kleine Würfel schneiden
Butter	zerlassen, die Speckwürfel darin glasig dünsten das Suppengrün dazugeben, etwa 5 Minuten unter Rühren mitdünsten lassen
1¼ l Wasser	hinzugießen, zum Kochen bringen, in etwa 20 Minuten gar kochen lassen, die Brühe mit dem Suppengrün und dem Speck durch ein Sieb streichen, 1 l davon abmessen, warm stellen
500 g küchenfertigen, enthäuteten Flußaal	unter fließendem kalten Wasser abspülen, trockentupfen, entgräten, in etwa 4 cm große Stücke schneiden
30 g Butter	zerlassen
40 g Weizenmehl	unter Rühren so lange darin erhitzen, bis es hellgelb ist die Gemüsebrühe hinzugießen, mit einem Schneebesen durchschlagen, darauf achten, daß keine Klumpen entstehen, zum Kochen bringen
2 Eßl. saure Sahne	
1 Teel. gehackten Dill	unterrühren, die Suppe mit
Salz, Pfeffer	
Essig	abschmecken, die Fischstücke hineingeben, zum Kochen bringen, in etwa 10 Minuten gar ziehen lassen, mit
gehackter Petersilie	bestreuen
Kochzeit:	Etwa 35 Minuten.
Beigabe:	Schwarzbrot oder Toast.

Bücklings-Pfannkuchen

250 g Weizenmehl	in eine Schüssel sieben, in die Mitte eine Vertiefung eindrücken
3 Eier **Salz**	mit
500 ml (¹/₂ l) Milch	verschlagen, etwas davon in die Vertiefung geben, von der Mitte aus Eiermilch und Mehl verrühren, nach und nach die übrige Eiermilch dazugeben, darauf achten, daß keine Klumpen entstehen
4 Bücklinge	enthäuten, entgräten, das Fischfleisch zerpflücken
Speiseöl	in einer Stielpfanne erhitzen, eine dünne Teiglage hineingeben, darauf einige Bücklingsstücke geben, den Pfannkuchen von beiden Seiten goldgelb backen
	bevor der Eierkuchen gewendet wird, etwas Speiseöl in die Pfanne geben
	die übrigen Bücklings-Pfannkuchen auf die gleiche Weise bereiten.
Beigabe:	Grüner Salat mit Sahnesoße.

Sylter Matjessalat

4 Matjesfilets	1−2 Stunden wässern, gut abtropfen lassen, in kleine Stücke schneiden
250 g eingelegte Rote Bete (aus dem Glas)	abtropfen lassen
1 mittelgroßen Apfel	schälen, vierteln, entkernen
1 kleine Zwiebel	abziehen
100 g Fleischwurst	enthäuten
2 kleine Gewürzgurken	
	die fünf Zutaten in kleine Würfel schneiden
2 gehäufte Eßl. Mayonnaise	mit
4 Eßl. Sahne **1−2 Eßl. Himbeersaft**	verrühren, mit den Salatzutaten vermengen, mit
Salz frisch gemahlenem Pfeffer	abschmecken.
Beigabe:	Weißbrot und Toast.

Rote Bete-Salat (Foto)

2 Knollen gekochte Rote Bete	abziehen
2 Äpfel	schälen, halbieren, entkernen
4 Pellkartoffeln	pellen
2 Gewürzgurken	
5 Matjesfilets	
	die fünf Zutaten in Würfel schneiden
1 Packung (200 g) Speisequark	mit
1 Becher (150 g) saurer Sahne	verrühren, mit
Salz frisch gemahlenem Pfeffer Meerrettich (aus dem Glas)	würzen, mit den Salatzutaten vermengen eine Salatschüssel mit
gewaschenen Salatblättern	auslegen, den Rote Bete-Salat darauf anrichten
1 hartgekochtes Ei	pellen, in Scheiben schneiden, den Salat damit garnieren.
Beigabe:	Pellkartoffeln oder Graubrot.

Matjes-Topf

6 Matjes-filets	evtl. einige Zeit wässern, trockentupfen, in mundgerechte Stücke schneiden
1 rote Zwiebel	abziehen, in Scheiben schneiden, in Ringe teilen
2 Äpfel	schälen, vierteln, entkernen, in kleine Scheiben schneiden
125 ml ($^1/_8$ l) Schlagsahne	steif schlagen
200 g Speisequark	gut verrühren, die steifge-schlagene Sahne unterheben, mit Matjesstückchen, Zwiebelringen und Apfelscheiben vorsichtig vermengen, mit
Salz, Pfeffer Zitronensaft	würzen, einige Zeit kühl stellen, mit
Dill	garniert servieren.
Beigabe:	Pellkartoffeln.

Speckschollen (Foto)

4 küchen-fertige Schollen	unter fließendem kalten Wasser abspülen, trockentupfen, mit
Zitronensaft	beträufeln, 30 Minuten stehen-lassen, trockentupfen, mit
Salz, Pfeffer Weizenmehl	bestreuen, in wenden
Speiseöl	in einer großen Pfanne erhitzen
etwa 100 g mageren, durchwach-senen Speck	in Würfel schneiden, darin aus-braten, die Speckwürfel heraus-nehmen, warm stellen, die Schollen in dem Speckfett von beiden Seiten braun braten, auf einer vorgewärmten Platte an-richten, die Speckwürfel da-rüber geben die Schollen mit
Zitronen-achteln	garnieren
Bratzeit:	Etwa 15 Minuten.

Salzheringe Harzer Art (Foto)

4 Salzheringe	etwa 24 Stunden wässern, das Wasser ab und zu erneuern die Heringe ausnehmen, unter fließendem kalten Wasser abspülen, nach Belieben enthäuten, entgräten
	für die Sahne-Soße
4—5 Zwiebeln	abziehen
2 mittelgroße Gewürzgurken	
	beide Zutaten in Scheiben schneiden
375 ml (³/8 l) Sahne	mit
4 Eßl. Essig einigen Senfkörnern einigen Pfefferkörnern	verrühren, Gurken- und Zwiebelscheiben hinzufügen die Heringe in die Sahne-Soße legen, etwa 24 Stunden darin ziehen lassen
750 g Kartoffeln	waschen, in
2 l Salzwasser	geben, zum Kochen bringen, gar kochen lassen, die Kartoffeln abgießen, noch heiß pellen, in einer vorgewärmten Schüssel anrichten, warm stellen
3 mittelgroße Zwiebeln	abziehen, in Scheiben schneiden
75 g fetten Speck	in kleine Würfel schneiden, auslassen, die Zwiebelscheiben in dem Speck bräunen lassen die Sahneheringe mit
Tomatenachteln Petersilie	garnieren Pellkartoffeln und Speck-Zwiebeln dazureichen
Kochzeit:	25—30 Minuten.

Emder Matjes

8 Matjesfilets	1—2 Stunden wässern, gut abtropfen lassen
	für die Pellkartoffeln
750 g möglichst kleine Kartoffeln	waschen, in
2 l Salzwasser Kümmel	geben hinzufügen, zum Kochen bringen, gar kochen lassen, die Kartoffeln abgießen, noch heiß pellen, in einer vorgewärmten Schüssel anrichten, mit
feingehackter Petersilie	bestreuen, warm stellen
	für die Bohnen
1 Eßl. Butter oder Margarine	zerlassen
125 ml (¹/8 l) heiße Fleischbrühe	hinzugießen, mit
Salz Pfeffer	würzen
Bohnenkraut	hinzufügen
750 g Grüne Bohnen (vorbereitet gewogen)	waschen, hinzufügen, zum Kochen bringen, gar dünsten lassen, nach Belieben mit Salz, Pfeffer abschmecken, in einer vorgewärmten Schüssel anrichten
150 g durchwachsenen Speck	in Würfel schneiden, auslassen, über die Bohnen geben, warm stellen die Matjesfilets mit
125 g Zwiebelringen	auf einer Platte anrichten, die Pellkartoffeln und Bohnen dazureichen
Kochzeit für die Kartoffeln:	25—30 Minuten
Dünstzeit für die Bohnen:	Etwa 15 Minuten.

Grünkohl Bremer Art

	Von
1¹/₂ kg Grünkohl	die welken und fleckigen Blätter und die Rippen entfernen, den Grünkohl gründlich waschen, in
kochendes Salzwasser	geben, zum Kochen bringen, 1–2 Minuten kochen, abtropfen lassen, grob hacken
2 mittelgroße Zwiebeln	abziehen, würfeln
100 g Schweineschmalz	erhitzen, die Zwiebelwürfel darin glasig dünsten lassen, den Grünkohl hinzufügen
2 Eßl. Haferflocken	unterrühren, erhitzen
500–700 g Kasseler Rippenspeer	waschen, den Knochen auslösen, das Fleisch mit dem Knochen zu dem Grünkohl geben
250 g durchwachsenen Speck	
375 ml (³/₈ l) Wasser	hinzufügen, mit
Salz	würzen, zum Kochen bringen, etwa 30 Minuten kochen lassen
4 geräucherte Grützwürste (Pinkel)	zu dem Grünkohl geben, etwa 20 Minuten mitkochen lassen den Grünkohl mit Salz,
Pfeffer geriebener Muskatnuß Zucker	abschmecken das Fleisch und den Speck in Scheiben schneiden, mit den Würsten und dem Grünkohl auf einer großen Platte anrichten.
Beilage:	Süße Röstkartoffeln.

Heidschnuckenbraten (Foto)

1 1/2−2 kg Heid-schnucken-oder Lamm-keule (ohne Knochen)	unter fließendem kalten Wasser abspülen, trockentupfen
3 - 5 **1−2 Knob-lauchzehen**	abziehen, mit
Salz	zerdrücken die Heidschnuckenkeule (Lamm-keule) mit dem Knoblauchmus, Salz,
Pfeffer	innen und außen einreiben, mit Küchengarn zusammenbinden für die Salbei-Milch
1 l Milch	zum Kochen bringen, kurz auf-kochen, etwas erkalten lassen, lauwarm mit

Lorbeer

1 Eßl. ge-rebeltem Salbei oder 1−2 Eßl. fein-gehackten Salbei-blättchen abgeriebener Schale von 1/2 Zitrone (unbehandelt) geriebener Muskatnuß	verrühren, das Fleisch hinein-legen, 24 Stunden darin ziehen lassen, ab und zu wenden das Fleisch aus der Marinade nehmen, trockentupfen, die Marinade durch ein Sieb gießen, mit
abgeriebener Schale von 1/2 Zitrone (unbehandelt) 1 Teel. ge-rebeltem Thymian	verrühren
250 g Schafs-käse	zerbröckeln, mit
125 ml (1/8 l) Sahne	glattrühren, mit der Salbei-Milch gut verrühren

das Fleisch in einen gefetteten Bratentopf legen, die Marinade darüber gießen, das Fleisch mit

Butter-flöckchen belegen, den Topf auf dem Rost in den vorgeheizten Backofen stellen, etwa 10 Minuten bei starker, dann bei milder Hitze-zufuhr schmoren lassen während des Bratens das Fleisch ab und zu mit der Marinade be-gießen die gare Heidschnuckenkeule (Lammkeule) aus der Schmor-flüssigkeit nehmen, warm stellen die Flüssigkeit durch ein Sieb gießen, auf der Kochstelle zum Kochen bringen, etwas ein-kochen lassen, kräftig mit Salz, Pfeffer abschmecken die Keule in Scheiben schneiden, auf einer vorgewärmten Platte anrichten, die Soße dazureichen

Strom:	Etwa 10 Minuten 250 Etwa 1 1/4 Stunden 180
Gas:	Etwa 10 Minuten 4−5 1 1/4 Stunden 3−4
Schmorzeit:	Etwa 1 1/2 Stunden.

Schweineschnitzel Holsteiner Art (Foto)

4 Schweine-schnitzel (je etwa 150 g) Salz, Pfeffer	leicht flachklopfen, mit bestreuen die Schnitzel zunächst in
1 gestrichenen Eßl. Weizen-mehl	dann in
1 verschla-genem Ei	zuletzt in
50 g Semmel-mehl	wenden
50—60 g Butterschmalz	erhitzen, die Schnitzel von beiden Seiten darin braten, auf einer vorgewärmten Platte anrichten, warm stellen
Butterschmalz	zerlassen
4 Eier	aufschlagen, nebeneinander in das Fett gleiten lassen, so lange erhitzen, bis die Eier fest sind auf jedes Schnitzel ein fertiges Spiegelei setzen von
4 gewässerten Sardellen-filets	je eines um jedes Eigelb legen, mit
Paprika edelsüß	bestreuen, mit
Mixed pickles Petersilie	garnieren
Bratzeit für die Schnitzel:	Etwa 10 Minuten.
Beilage:	Petersilienkartoffeln, Grüner Salat oder Kartoffelsalat.

Labskaus

600 g ge-pökeltes schieres Rindfleisch 500 ml (¹/₂ l) kochendes Wasser	in geben, zum Kochen bringen, gar kochen lassen, von der Brühe 375 ml (³/₈ l) abmessen
5 Zwiebeln	abziehen beide Zutaten grob zerkleinern, durch den Fleischwolf drehen
75 g Margarine	zerlassen, die Fleisch-Zwiebel-Masse unter Rühren 5 Minuten darin erhitzen
1 kg gekochte Kartoffeln	noch heiß durch eine Kartoffel-presse geben, mit
6 Eßl. Flüssigkeit von einge-legten Essig-gurken 375 ml (³/₈ l) Rindfleisch-brühe	unter die Fleischmasse rühren, unter Rühren durchkochen lassen, das Gericht mit
Salz Pfeffer geriebener Muskatnuß	abschmecken
Kochzeit:	Etwa 1¹/₂—2 Stunden.
Beigabe:	Spiegeleier, Essiggurken, Rote Bete.

Flensburger Sauerfleisch

1 kg ausge-lösten Schweine-nacken oder Schweine-bauch	unter fließendem kalten Wasser abspülen
1 Möhre	
1 Stange Porree	die beiden Zutaten putzen, waschen, grob zerkleinern
1 Teel. Pfefferkörner	in
1¹/₂ l Salzwasser	geben, zum Kochen bringen, das Fleisch hineingeben, zum Kochen bringen, bei mittlerer Hitze-zufuhr gar kochen lassen, her-ausnehmen, erkalten lassen die Brühe durch ein Sieb gießen, entfetten, 1 l davon abmessen, in einen Topf geben
250 ml (¹/₄ l) Weißwein-Essig	
50 g Zucker	hinzufügen, zum Kochen bringen, von der Kochstelle nehmen
15 Blatt Gelatine, weiß kaltem Wasser	in einweichen, 2 Minuten zum Quellen stehenlassen, gut aus-drücken, in die Brühe geben, so lange rühren, bis sie gelöst ist das Fleisch in Scheiben schnei-den, auf 4 tiefe Teller ver-teilen, mit der Aspikbrühe über-gießen, im Kühlschrank er-starren lassen vor dem Servieren die Teller kurz in heißes Wasser halten, die Sülze mit einem Messer vor-sichtig vom Rand des Teller lösen, auf mit
Salatblättern	
Petersilien-sträußchen	garniert servieren
Kochzeit:	60—70 Minuten.
Beigabe:	Bratkartoffeln.

Friesisches Pökelfleisch (Foto)

1 kg gepökelte Ochsenbrust	unter fließendem kalten Wasser abspülen, in
1³/₄ l kochendes Salzwasser	geben, zum Kochen bringen, ab-schäumen
1 Zwiebel	abziehen, mit
1 Nelke	
1 Lorbeerblatt	spicken
1 Petersilien-wurzel	putzen, schrappen, waschen
2 Wacholder-beeren einige weiße Pfefferkörner	die 5 Zutaten zu dem Fleisch geben, das Fleisch zum Kochen bringen
1 Möhre	putzen, schrappen, waschen
1 Stange Porree	putzen, waschen
1 Sellerie-knolle	schälen, waschen das Gemüse kleinschneiden, nach etwa 1 Stunde Kochzeit hin-zufügen das Fleisch gar kochen lassen das Fleisch aus der Brühe nehmen, etwa 10 Minuten stehen-lassen, in etwa 1¹/₂ cm dicke Schei-ben schneiden, auf einer vor-gewärmten Platte anrichten, mit etwas von der Brühe übergießen für die Meerrettich-Sahne
125 ml (¹/₈ l) Sahne	fast steif schlagen
4—5 Eßl. ge-riebenen Meerrettich (aus dem Glas)	unterrühren, mit
Zitronensaft Salz, Pfeffer	abschmecken, zu dem Fleisch reichen
Kochzeit:	Etwa 2 Stunden.
Beilage:	Preiselbeeren, Apfelmus, Salz-kartoffeln.
Tip:	Die restliche Fleischbrühe nach Belieben als Vorsuppe reichen.

Vierländer Mastente

	Für die Füllung
125 g ent-steinte Back-pflaumen	
250 ml (¹/₄ l) Rotwein	in etwa 1 Stunde einweichen
2 mürbe Äpfel	waschen, vierteln, entkernen (nicht schälen) die Backpflaumen aus dem Rotwein nehmen, mit den Äpfel-vierteln mischen den Rotwein aufbewahren
1 küchen-fertige Ente (etwa 2 kg)	unter fließendem kalten Wasser abspülen, trockentupfen, innen mit
Salz Pfeffer gerebeltem Thymian	einreiben die Füllung in die Ente geben, die Ente mit Küchengarn zunähen oder mit Holzstäbchen zustecken mit dem Rücken nach unten auf den Rost auf eine mit kaltem Wasser ausgespülte Rostbrat-pfanne legen, auf der unteren Schiene in den Backofen schieben
2 Zwiebeln	abziehen, vierteln, zu der Ente geben während des Bratens ab und zu unterhalb der Flügel und Keulen in die Ente stechen, damit das Fett besser ausbraten kann nach 30 Minuten Bratzeit das sich angesammelte Fett ab-schöpfen sobald der Bratensatz bräunt, etwas von dem zurückgelassenen Rotwein und etwas
heißes Wasser	hinzugießen, die Ente ab und zu mit dem Bratensatz begießen, verdampfte Flüssigkeit nach und nach ersetzen
500 g gleich große Pell-kartoffeln	noch heiß pellen

etwa 15 Minuten vor Beendigung der Bratzeit die Kartoffeln zu der Ente geben, mitbraten lassen die gare Ente vom Küchengarn (Holzstäbchen) befreien, mit den Kartoffeln und Zwiebel-

Rotwein *vierteln auf einer vorgewärmten Platte anrichten, warm stellen den Bratensatz mit Wasser oder loskochen, durch ein Sieb gießen, zum Kochen bringen, etwas einkochen lassen*

3 Eßl. Schmand *unterrühren die Soße mit Salz, Pfeffer, Thymian abschmecken*

Strom: *200−225,* **Gas:** *3−4*
Bratzeit: *1³/₄ Stunden.*

Birnen, Bohnen und Speck

500 g durchwachsenen geräucherten Speck mit
1/2 Teel. schwarzen Pfefferkörnern in
1 l kochendes Wasser geben, zum Kochen bringen, bei mittlerer Hitzezufuhr etwa 30 Minuten kochen lassen, verdampfte Flüssigkeit ersetzen

1 kg Grüne Bohnen abfädeln, waschen, in etwa 4 cm lange Stücke schneiden oder brechen, zu dem Speck geben

1 Bund Bohnenkraut unter fließendem kalten Wasser abspülen, zu den Bohnen geben, mit

Salz würzen
4 Birnen (Kochbirnen) waschen, die Blütenansätze mit einem spitzen Messer herausschneiden, die Birnen so in den Topf legen, daß sie von den Bohnen bedeckt sind, zum Kochen bringen, zugedeckt in 25–30 Minuten garen lassen Speck, Birnen und Bohnenkraut herausnehmen

1 gestrichenen Eßl. Speisestärke mit
1 Eßl. kaltem Wasser anrühren, die Flüssigkeit damit binden, mit Salz,

frisch gemahlenem weißen Pfeffer abschmecken den Speck in Scheiben schneiden, mit den Birnen und Bohnen in einer vorgewärmten Schüssel anrichten, mit

gehackter glatter Petersilie bestreut servieren
Kochzeit: Etwa 1 1/2 Stunden.

Bunte Finken (Foto)

250 g Weiße Bohnen waschen, in
1 l Wasser 12–24 Stunden einweichen
250 g Schweinebauch unter fließendem kalten Wasser abspülen, trockentupfen, in Würfel schneiden

2 Eßl. Butter oder Margarine zerlassen, die Fleischwürfel darin von allen Seiten anbraten
2 Zwiebeln abziehen, fein würfeln
2 Stangen Porree putzen, waschen, in Scheiben schneiden, evtl. nochmals waschen
1 Kohlrabi schälen, waschen, in Würfel schneiden
2 große Möhren putzen, schrappen, waschen, in Scheiben schneiden das Gemüse zu dem Fleisch geben, durchdünsten lassen die Bohnen mit dem Einweichwasser hinzufügen, zum Kochen

bringen, etwa 1 Stunde kochen
lassen

500 g Kartoffeln schälen, waschen, in kleine Würfel schneiden

250 g Brechbohnen abfädeln, waschen, einmal durchbrechen

1—2 Stengel Bohnenkraut abspülen, die drei Zutaten in die Suppe geben, zum Kochen bringen, weitere 20 Minuten kochen lassen
den Eintopf kräftig mit

Salz Zucker frisch gemahlenem weißen Pfeffer abschmecken, mit

gehackter Petersilie bestreut servieren.

Kochzeit: Etwa 2 Stunden.

Linsen-Eintopf mit Backpflaumen
(Foto)

Etwa 200 g Backpflaumen (ohne Stein) 12—24 Stunden in Wasser einweichen

250 g Linsen auf ein Küchensieb geben, unter fließendem kalten Wasser abspülen

500 g geräucherte Schweinerippchen unter fließendem kalten Wasser abspülen
Linsen und Schweinerippchen mit

1 1/2 l Wasser zum Kochen bringen, abschäumen, fast gar kochen lassen

375 g Kartoffeln schälen, waschen, in Würfel schneiden

2 Möhren putzen, schrappen, waschen, in Würfel oder Stifte schneiden

1 Stange Porree putzen, gründlich waschen, in Scheiben schneiden, evtl. nochmals waschen

1 Stück Sellerie schälen, waschen, in Würfel schneiden
Kartoffeln, Gemüse und die eingeweichten Backpflaumen in die Suppe geben, mit

Salz frisch gemahlenem weißen Pfeffer würzen

gehackte Liebstöckelblättchen hinzufügen
den Linsen-Eintopf gar kochen lassen
die Schweinerippchen herausnehmen, das Fleisch von den Knochen lösen, kleinschneiden, wieder in den Eintopf geben, mit Salz, Pfeffer,

Essig abschmecken, nach Belieben mit

gehackter Petersilie bestreuen

Garzeit: Etwa 1 1/2 Stunden.

Tip: Geräucherte Mettwurst etwa 20 Minuten vor Beendigung der Garzeit hinzufügen.

Süße Röstkartoffeln

1 kg kleine
Kartoffeln *waschen, in so viel*
Wasser *geben, daß die Kartoffeln bedeckt sind, zum Kochen bringen, in etwa 20 Minuten gar kochen lassen, abgießen, abdämpfen, noch heiß pellen*
50 g Butter *zerlassen*
2 Eßl. Zucker *hinzufügen, unter ständigem Rühren karamelisieren (hellbraun rösten) lassen, die Kartoffeln hineingeben, unter häufigem Schütteln darin rundherum knusprig braun braten lassen*
Bratzeit: *Etwa 10 Minuten.*
Beilage: *Braunkohl.*

Bauernfrühstück (Foto)

750 g Salat-
kartoffeln *waschen, in Wasser zum Kochen bringen, gar kochen lassen, abgießen, heiß pellen, erkalten lassen, in Scheiben schneiden*
4 Zwiebeln *abziehen, würfeln*
75 g durch-
wachsenen
Speck *in Würfel schneiden, auslassen*
30 g Margarine *hinzufügen, zerlassen, die Zwiebeln darin glasig dünsten, die Kartoffeln darin braun braten*
3 Eier *mit*
3 Eßl. Milch
Salz, Pfeffer
Paprika
geriebener
Muskatnuß *verschlagen*
125 g Schin-
kenspeck *in Würfel schneiden*
2 Eßl. fein-
geschnittener
Schnittlauch
die Zutaten zu der Eiermilch geben, über die Kartoffeln gießen, stocken lassen, evtl. einmal wenden
Kochzeit: *20–25 Minuten*
Bratzeit: *Etwa 10 Minuten.*

Welfenspeise

Für die Creme

30 g Speise-stärke
50 g Zucker
1 Päckchen Vanille-Zucker mit 6 Eßl. von
500 ml (¹/₂ l) kalter Milch anrühren, die übrige Milch zum Kochen bringen, von der Kochstelle nehmen, die Speise-stärke unter Rühren hineingeben, kurz aufkochen lassen
2 Eiweiß steif schlagen, unterheben die Speise in eine Glasschale füllen (darf nur halb gefüllt sein)

für die Weinschaumsoße
1 Ei mit
2 Eigelb
1 gestrichenen Eßl. Speise-stärke
50 g Zucker
250 ml (¹/₄ l) Weiß- oder Apfelwein abgeriebener Schale von ¹/₂ Zitrone (unbehandelt)
1 Eßl. Zitronensaft in einen kleinen Kochtopf geben, gut verschlagen, im Wasserbad oder auf der Automatikplatte so lange mit einem Schneebesen durchschlagen, bis eine dicke Kochblase aufsteigt (nicht kochen lassen)
Erhitzungs-zeit: Etwa 20 Minuten die erkaltete Weinschaumsoße auf die weiße Creme füllen, die Speise am Rand mit
Schokoladen-streuseln garnieren, nach Belieben mit
Schlagsahne verzieren.

Rote Grütze mit Vanillesahne (Foto)

1¹/₄ kg Erdbeeren vorsichtig waschen, gut ab-tropfen lassen, entstielen, ¹/₄ der Früchte beiseite stellen
die übrigen Früchte mit
1 l Wasser in einen Kochtopf geben, zum Kochen bringen, auf ein ge-spanntes Tuch geben, damit der Saft ablaufen kann
den Fruchtbrei nach dem Er-kalten kräftig auspressen, den Saft mit Wasser auf 1¹/₄ l Flüssigkeit auffüllen, mit
3—4 Stück Zitronen-schale (unbehandelt)
150 g Zucker zum Kochen bringen
etwa 120 g Perl-Sago unter Rühren einstreuen, zum Kochen bringen, in etwa 20 Minuten ausquellen lassen die Zitronenschale entfernen die zurückgelassenen Erdbeeren hinzufügen die Grütze zum Kochen bringen, 1—2 Minuten kochen lassen evtl. mit
Zucker abschmecken, in eine Glas-schüssel füllen, erkalten lassen

für die Vanillesahne
250 ml (¹/₄ l) Sahne mit
Vanille-Zucker abschmecken oder die Sahne mit dem ausge-kratzten Mark von
¹/₂ Vanille-stange verrühren, mit
Zucker abschmecken, getrennt zu der Roten Grütze reichen.
Veränderung: Gemischte Beerenfrüchte (z.B. Himbeeren, Brombeeren, Stachelbeeren, Johannisbeeren und Erdbeeren) und Sauer-kirschen verwenden.

Hannoverscher Butterkuchen
(Foto)

1 Päckchen Hefe (42 g)	zerbröckeln, mit
75 g Zucker	
1 Päckchen Vanille-Zucker	
Salz	und 10 Eßl. von
250 ml (1/4 l) lauwarmer Milch	anrühren
500 g Weizenmehl	in eine Rührschüssel sieben, in die Mitte eine Vertiefung eindrücken, die aufgelöste Hefe hineingeben, sie etwa 1/2 cm dick mit
Weizenmehl	bestreuen
75 g zerlassene, lauwarme Butter	an den Rand des Mehls geben sobald das auf die Hefe gestreute Mehl stark rissig wird, von der Mitte aus die Hefe mit dem Mehl und den übrigen Zutaten mit dem elektrischen Handrührgerät mit Knethaken zuerst auf der niedrigsten, dann auf der höchsten Stufe in etwa 5 Minuten zu einem Teig verarbeiten den Teig an einem warmen Ort so lange stehenlassen, bis er etwa doppelt so hoch ist, ihn dann gut durchkneten den Teig auf einem gefetteten Backblech ausrollen, vor dem Teig einen mehrfach umgeknickten Streifen Alufolie legen
	für den Belag
100–125 g Butter	in Flöckchen auf den Teig setzen
100 g Zucker	
75 g abgezogene, gehobelte Mandeln	
	beide Zutaten gleichmäßig da-

rüber streichen, den Teig nochmals an einem warmen Ort so lange stehen lassen, bis er etwa doppelt so hoch ist, ihn erst dann in den Backofen schieben

Strom:	200–225
Gas:	4–5
Backzeit:	Etwa 15 Minuten.

Friesische Eiserkuchen

200 g Zucker	
1 Päckchen Vanille-Zucker	in
250 ml (1/4 l) kochendem Wasser	auflösen, abkühlen lassen
200 g gesiebtes Weizenmehl	eßlöffelweise unterrühren
2 Eier	unterrühren
100 g weiche Butter	
1/2 gestrichenen Teel. gemahlenen Zimt	unterrühren den Teig in nicht zu großer Menge in ein gut erhitztes, gefettetes Eiserkucheneisen füllen, von beiden Seiten goldbraun backen die Blättchen schnell aus dem Eisen lösen, noch heiß zu Röllchen oder Tüten wickeln damit die Eiserkuchen knusprig bleiben, sie in gut schliessenden Blechdosen aufbewahren die Eiserkuchen nach Belieben mit
steifgeschlagener Schlagsahne	füllen, die Röllchen nach Belieben mit
Schokoladenguß	verzieren.
Tip:	Die Eiserkuchen mit gezuckerten roten Johannisbeeren füllen.

37

Die westdeutsche Küche —
Gutes von Rhein und Ruhr

Niederrheinische Erbsensuppe

375 g Erbsen	waschen, in
2 l Wasser	12–24 Stunden einweichen
375 g Schweine-nacken	unter fließendem kalten Wasser abspülen
	Erbsen und Schweinenacken in dem Einweichwasser zum Kochen bringen, fast weich kochen lassen, das Fleisch heraus- nehmen, in Würfel schneiden
500 g Kartoffeln	schälen, waschen, in Würfel schneiden, in die Suppe geben
1 Möhre	putzen, schrappen
1 Stange Porree	putzen
1 Stück Sellerie	schälen
	die drei Zutaten waschen, klein- schneiden, mit
500 ml (1/2 l) Instant- Fleischbrühe	zu den Erbsen geben, zum Kochen bringen, gar kochen lassen die Suppe mit
Salz Pfeffer gerebeltem Majoran	abschmecken
	die Fleischwürfel wieder in die Suppe geben, miterhitzen
2 mittelgroße Zwiebeln	abziehen, würfeln
75 g durch- wachsenen Speck	in kleine Würfel schneiden, auslassen, die Zwiebel darin goldgelb andünsten, in die Suppe geben
Kochzeit:	Etwa 2 Stunden.

Blauer Heinrich (Foto)

500 g Rind- fleisch	in
1 1/2 l Salz- wasser	geben, zum Kochen bringen, ab- schäumen, in etwa 1 1/2 Stunden gar kochen lassen
	das Fleisch aus der Brühe nehmen, in Würfel schneiden, beiseite stellen
200 g Graupen	mit
kochendem Wasser	übergießen, abtropfen lassen
500 g Kartoffeln	schälen, waschen, in Würfel schneiden
1 Kohlrabi	schälen, halbieren
2 Stangen Porree	putzen
	das Gemüse waschen, in Scheiben schneiden
1 Stück Sellerieknolle	schälen, waschen, in Stifte schneiden
1 Stengel Liebstöckel	
1/2 Bund Petersilie	
	die Kräuter abspülen, mit den Graupen, den Kartoffeln, dem Gemüse in die Rindfleischsuppe geben, zum Kochen bringen, mit
Salz, Pfeffer	würzen, evtl.
1 Eßl. Suppenwürze	unterrühren
	die Graupensuppe in etwa 2 Stunden gar kochen lassen, da- bei häufig umrühren
	kurz vor Beendigung der Garzeit die Fleischwürfel hinzufügen Liebstöckel und Petersilie aus der garen Suppe nehmen nach Belieben
125 ml (1/8 l) Sahne	unterrühren
2 Eßl. ge- hackte Petersilie	darüber geben
Garzeit:	Etwa 3 1/2 Stunden.

Muscheln, rheinische Art

1 1/2 kg Mies-muscheln	in reichlich kaltes Wasser geben, einige Stunden darin liegen lassen, das Wasser ab und zu erneuern die Muscheln anschließend gründlich bürsten, Bartbüschel entfernen, die Muscheln so lange abspülen, bis das Wasser vollkommen klar bleibt Muscheln, die sich beim Wässern und anschließendem Bürsten öffnen, sind ungenießbar, nur Muscheln, die geschlossen bleiben, sind verwendbar
250 g Zwiebeln	abziehen, halbieren, in Scheiben schneiden
50 g Butter oder Margarine	zerlassen, die Zwiebeln darin andünsten
1 Bund Suppengrün	putzen, waschen, in kleine Würfel schneiden
1 Eßl. ge-hackte Petersilie 2 Lorbeer-blätter	die drei Zutaten zu den Zwiebeln geben
375 ml (3/8 l) trockenen Weißwein	hinzugießen, zum Kochen bringen, durchdünsten lassen, mit würzen
Salz 20 Pfeffer-körner	dazugeben, die Muscheln hineingeben, unter Rühren so lange erhitzen, bis sie sich öffnen (Muscheln, die sich nach dem Garen nicht öffnen, sind ungenießbar) die Muscheln in einer vorgewärmten Schüssel anrichten den Muschelsud mit Salz, Pfeffer abschmecken, zu den Muscheln reichen.
Beigabe:	Schwarzbrot oder Weißbrot mit Butter.

Stielmus

375 g Schweine-fleisch	unter fließendem kalten Wasser abspülen, trockentupfen, in kleine Würfel schneiden
40 g Margarine	zerlassen, das Fleisch schwach darin bräunen, mit
Salz, Pfeffer	würzen
1 kg Streif-rüben	putzen, die welken Blätter entfernen, waschen, klein-schneiden
750 g Kartoffeln	schälen, waschen, in Würfel schneiden Streifrüben und Kartoffeln mit
250 ml (¹/₄ l) Wasser	zu dem Fleisch geben, zum Kochen bringen, gar schmoren
Schmorzeit:	Etwa 1³/₄ Stunden.

Jägerkohl (großes Foto)

	Von
1 kg Weißkohl	die groben äußeren Blätter ab-lösen, den Kohl vierteln, den Strunk herausschneiden, den Kohl waschen, fein schneiden
350 g durch-wachsenen Speck	in feine Würfel schneiden, in einem Topf auslassen
3 Zwiebeln	abziehen, würfeln, in dem Speck-fett hellbraun braten lassen
3 Eßl. Weizen-mehl	unter Rühren so lange darin er-hitzen, bis es hellbraun ist
125 ml (¹/₈ l) Weißwein **250 ml (¹/₄ l) Fleischbrühe**	hinzugießen, mit einem Schnee-besen durchschlagen, darauf achten, daß keine Klumpen ent-stehen, zum Kochen bringen, den Weißkohl hinzufügen, in etwa 30 Minuten gar dünsten lassen, ab und zu umrühren
Garzeit:	40–45 Minuten.

Dicke Bohnen mit Speck

750 g ausge-pahlte Große Bohnen (2¹/₂ –3 kg mit Hülsen) **1 Stengel Bohnenkraut**	beide Zutaten waschen
100 g Speck **2–3 Zwiebeln**	in Würfel schneiden, auslassen abziehen, halbieren, in Scheiben schneiden, in dem Speck gold-gelb dünsten lassen die Bohnen hinzufügen, mit-dünsten lassen, Bohnenkraut,
gut 125 ml (¹/₈ l) Wasser **Salz**	dazugeben, gar dünsten lassen, mit
1 Eßl. feinge-schnittenem Schnittlauch	bestreuen
Dünstzeit:	Etwa 40 Minuten.
Beilage:	Durchwachsener Speck in Schei-ben geschnitten und braun ge-braten.

Reibekuchen *(Foto)*

2 kg Kartoffeln	*schälen*
2 mittelgroße Zwiebeln	*abziehen*
	beide Zutaten waschen, reiben, mit
2–3 gestrichenen Teel. Salz 4 Eiern 60 g gesiebtem Weizenmehl	*verrühren*
	etwas von
250 ml (¹/₄ l) Speiseöl	*erhitzen, den Teig eßlöffelweise hineingeben, flachdrücken, von beiden Seiten braun und knusprig backen.*
Beigabe:	*Kompott, Apfelmus oder Kräuterquark.*

Westfälischer Kastenpickert

30 g Hefe	*zerbröckeln, mit*
1 Teel. Zucker gut 250 ml (¹/₄ l) lauwarmer Milch	*und 5 Eßl. von*
	anrühren
1 kg Kartoffeln	*schälen, waschen, fein reiben, gut abtropfen lassen oder in einem sauberen Tuch gut auspressen*
500 g Weizenmehl	*in eine Rührschüssel sieben, in die Mitte eine Vertiefung eindrücken, die aufgelöste Hefe hineingeben, sie etwa ¹/₂ cm dick mit Mehl bestreuen*
Salz 2 Eier	*an den Rand des Mehls geben sobald das auf die Hefe gestreute Mehl rissig wird, von der Mitte aus die Hefe mit dem Mehl, den übrigen Zutaten und der restlichen Milch mit einem elektrischen Handrührgerät mit Knethaken so lange verkneten, bis*

	sich der Teig vom Boden löst die Kartoffelmasse hinzufügen, mit dem Hefeteig gut verkneten, den Teig an einem warmen Ort so lange stehenlassen (40–50 Minuten), bis er etwa doppelt so hoch ist den Teig nochmals mit dem Handrührgerät gut durchkneten
250 g Rosinen	*verlesen, unterheben den Teig in eine gefettete, mit*
Semmelmehl	*ausgestreute Kastenform füllen den Teig nochmals an einem warmen Ort so lange stehenlassen, bis er etwa um ¹/₃ höher ist, ihn erst dann in den Backofen schieben*
Strom:	*175–200*
Gas:	*2–3*
Backzeit:	*1¹/₄–1¹/₂ Stunden den abgekühlten Pickert in fingerdicke Scheiben schneiden, kurz vor dem Servieren in*
zerlassener Butter	*von beiden Seiten goldbraun backen, heiß servieren.*
Beigabe:	*Kaffee, Konfitüre oder Leberwurst.*

Speck-Pfannkuchen (Foto)

Für den Teig

250 g Weizen-mehl	in eine Schüssel sieben, in die Mitte eine Vertiefung eindrücken
2 Eier	mit
500 ml (¹/₂ l) Milch abgeriebener Schale von 1 Zitrone (unbehandelt) Salz	verschlagen, etwas davon in die Vertiefung geben, von der Mitte aus Eier-Milch und Mehl verrühren, nach und nach die übrige Eier-Milch hinzufügen, darauf achten, daß keine Klumpen entstehen
¹/₂ Bund Schnittlauch	waschen, feinschneiden, unter den Teig rühren
150 g durchwachsenen Speck Schmalz	in sehr dünne Scheiben schneiden in einer Pfanne zerlassen, einige Speckscheiben darin anbraten, eine dünne Teiglage daraufgeben, den Speck-Pfannkuchen von beiden Seiten goldgelb backen aus den restlichen Zutaten auf die gleiche Weise Pfannkuchen zubereiten.

Leinewebers Eierkuchen

600 g Kartoffeln Wasser	waschen, in so viel zum Kochen bringen, daß sie bedeckt sind, gar kochen lassen, abgießen, heiß pellen, abkühlen lassen, in Scheiben schneiden
150 g Weizen-mehl	in eine Schüssel sieben, in die Mitte eine Vertiefung drücken
4 Eier	mit
250 ml (¹/₄ l) Milch Salz, Pfeffer	
geriebener Muskatnuß	verschlagen, etwas davon in die Vertiefung geben, von der Mitte aus Eier-Milch und Mehl verrühren, nach und nach die übrige Eier-Milch hinzufügen, darauf achten, daß keine Klumpen entstehen
1 Bund Schnittlauch	waschen, feinschneiden, unter den Teig rühren
150 g durchwachsenen Speck	in Würfel schneiden, ¹/₄ davon mit
Margarine	in einer Stielpfanne ausbraten, ¹/₄ der Kartoffelscheiben hinzufügen, mit Salz, Pfeffer würzen, etwas anbraten, ¹/₄ des Eierkuchenteiges darüber geben, den Eierkuchen von beiden Seiten hellbraun backen aus den restlichen Zutaten drei weitere Eierkuchen zubereiten
Kochzeit für die Kartoffeln:	Etwa 30 Minuten
Backzeit je Eierkuchen:	Etwa 10 Minuten.

Kürbis-Reibekuchen

500 g Kartoffeln	schälen, waschen
500 g Kürbis	schälen, die Kerne mit einem Löffel auskratzen
	beide Zutaten reiben, mit
Salz	
2 Eiern	
30 g Weizenmehl	verrühren
	etwas von
125 ml (¹/₈ l) Speiseöl	erhitzen, den Teig eßlöffelweise hineingeben, flach drücken, von beiden Seiten braun und knusprig backen.
Beigabe:	Apfelmus, Bohnensalat.

Kartoffel-Püfferchen (Foto)

500 g Weizenmehl	in eine Schüssel sieben, mit
1 Päckchen Trocken-Hefe	sorgfältig vermischen
1 kg Kartoffeln	schälen, waschen, fein reiben, mit
3 Eiern	
Salz	
125 ml (¹/₈ l) lauwarmer Milch	zu dem Mehl geben, alles mit einem Handrührgerät mit Rührbesen zuerst auf niedrigster, dann auf höchster Stufe zu einem Teig verarbeiten
	den Teig an einem warmen Ort so lange stehenlassen, bis er etwa doppelt so hoch ist, ihn dann auf der höchsten Stufe gut durchschlagen
250 g Rosinen	verlesen, zuletzt unter den Teig heben
	etwas von
200 g Butter	in einer Bratpfanne erhitzen, den Teig eßlöffelweise hineingeben, etwas flach drücken, von beiden Seiten goldbraun backen.
Beigabe:	Butter, Sirup, Kaffee.

Pfeffer-Potthast

750 g Rindfleisch	unter fließendem kalten Wasser abspülen, trockentupfen, in Würfel schneiden, mit
1 Lorbeerblatt 10 Pfefferkörnern 2 Gewürznelken 1 EßI. Kapern 500 ml (¹/₂ l) kochendes Salzwasser	in
	geben, zum Kochen bringen, das Fleisch kochen lassen
375 g Zwiebeln	abziehen, in Scheiben schneiden, nach etwa 30 Minuten Kochzeit zu dem Fleisch geben, zum Kochen bringen, das Fleisch gar kochen lassen
30 g Semmelmehl	unterrühren, den Potthast mit
Salz, Pfeffer Zitronensaft	abschmecken
Kochzeit:	Etwa 1¹/₄ Stunden.
Beigabe:	Salzkartoffeln, Gewürzgurken.

Pannhas

3 Zwiebeln	abziehen, fein würfeln
100 g fetten Speck	in Würfel schneiden, auslassen, die Zwiebelwürfel darin andünsten
1¹/₂ l Wurst- oder Fleischbrühe	hinzugießen
750 g Leber- und/oder Blutwurst (ohne Haut)	hinzugeben die Brühe zum Kochen bringen, kurz aufkochen lassen, mit
Salz, Pfeffer ¹/₂ Teel. gemahlenen Nelken gerebeltem Majoran	abschmecken

500 g Buchweizenmehl	unter ständigem Rühren hinzufügen, zum Kochen bringen, etwa 10 Minuten kochen, bei schwacher Hitzezufuhr in etwa 30 Minuten ausquellen lassen den Wurstteig in Schüsseln füllen, glattstreichen, erkalten lassen, in Scheiben schneiden, von beiden Seiten in
erhitztem Pflanzenfett	bräunen lassen
Kochzeit:	Etwa 45 Minuten.

Geschmorte Schweinerippchen
(Foto)

Etwa 1 kg Schweinerippchen (Schälrippchen)	unter fließendem kalten Wasser abspülen, trockentupfen, in Portionsstücke schneiden, mit
Salz grob gemahlenem Pfeffer gerebeltem Majoran	einreiben
2 Zwiebeln	abziehen, vierteln
Speiseöl	in einem Schmortopf erhitzen, Rippchen und Zwiebelviertel portionsweise von allen Seiten darin gut anbraten
2 Lorbeerblätter 4 Pimentkörner	hinzufügen
250 ml (¹/₄ l) heißes Wasser 2−3 EßI. Zitronensaft	hinzugießen, den Schmortopf zugedeckt auf dem Rost in den vorgeheizten Backofen schieben etwa 10 Minuten vor Beendigung der Garzeit das Fleisch ohne Deckel bräunen lassen
Strom:	200−225, **Gas:** 3−4
Schmorzeit:	55−60 Minuten.

Rheinischer Sauerbraten (Foto)

**Etwa 1 kg
Rindfleisch
(aus der
Keule)** unter fließendem kalten Wasser
abspülen, trockentupfen, in
eine Schüssel legen

für die Marinade

1 Möhre putzen, schrappen
**1 Stück
Sellerie** schälen
**1 Petersilien-
wurzel** putzen, schrappen
das Gemüse waschen, kleinschneiden
1 Zwiebel abziehen, grob zerkleinern
**250 ml (¹/₄ l)
Weinessig** mit
**500 ml (¹/₂ l)
Wasser** vermengen, das Gemüse hineingeben, zum Kochen bringen, einmal aufkochen lassen, über das
Fleisch gießen (Fleisch muß bedeckt sein), zugedeckt 3—4 Tage
an einem kühlen Ort stehenlassen, das Fleisch täglich
wenden
das gesäuerte Fleisch trockentupfen, die Marinade durch ein
Sieb gießen

**40 g durch-
wachsenen
Speck** in kleine Würfel schneiden, auslassen, das Fleisch von allen
Seiten gut darin anbraten
375 ml (³/₈ l) von der Marinade
mit
Wasser auf 500 ml (¹/₂ l) auffüllen,
etwas davon zu dem Fleisch
gießen, das Fleisch schmoren
lassen, von Zeit zu Zeit wenden,
verdampfte Flüssigkeit nach und
nach ersetzen
nach 1¹/₂ Stunden Schmorzeit

**50 g verlesene
Rosinen
3 Eßl. zer-
bröckelten
Honigkuchen**

**1—2 Lorbeer-
blätter** hinzufügen, mitschmoren lassen
das gare Fleisch in Scheiben
schneiden, auf einer vorgewärmten Platte anrichten, warm
stellen
den Bratensatz durch ein Sieb
gießen, nach Belieben mit der
restlichen Flüssigkeit auffüllen, zum Kochen bringen

**3 gestrichene
Eßl. Weizen-
mehl** mit
**4 Eßl. kaltem
Wasser** anrühren, den Bratensatz damit
binden, die Soße mit

**Salz
Pfeffer
Zucker** abschmecken
Schmorzeit: Etwa 2¹/₂ Stunden.
Beigabe: Backobst, Apfelmus, Klöße.

Himmel und Erde (Foto)

750 g Kartoffeln	schälen, waschen, in Würfel schneiden
375 ml (³/₈ l) Wasser	mit
Salz, Zucker	zum Kochen bringen, die Kartoffeln hineingeben, zum Kochen bringen, etwa 15 Minuten kochen lassen
375 g Äpfel	schälen, vierteln, entkernen, in Stücke schneiden, hinzufügen, wieder zum Kochen bringen, gar kochen lassen das Gericht mit Salz, Zucker,
Essig	abschmecken
2 große Zwiebeln	abziehen, würfeln
100 g fetten Speck	in Würfel schneiden, auslassen, die Zwiebelwürfel darin goldgelb dünsten lassen das Gericht in eine vorgewärmte Schüssel geben, die Speck-Zwiebeln darüber verteilen
Kochzeit:	30 Minuten.
Beilage:	Gebratene Blutwurst.

Münsterländer Töttchen

500 g Kalbskopf	
500 g Kalbslunge	
500 g Kalbsherz	das Fleisch unter fließendem kalten Wasser abspülen, in
kochendes Salzwasser	geben
2 Zwiebeln	abziehen, mit
2 Nelken	spicken, mit
10 Pfefferkörnern	
1 Lorbeerblatt	zu dem Fleisch geben, zum Kochen bringen, gar kochen lassen das Fleisch aus der Brühe nehmen, vom Knochen lösen,
	kleinschneiden, warm stellen die Brühe durch ein Sieb gießen, 500 ml (¹/₂ l) abmessen
4 Zwiebeln	abziehen, fein würfeln
40 g Butter	zerlassen, die Zwiebelwürfel darin andünsten
40 g Weizenmehl	unter Rühren so lange darin erhitzen, bis es hellgelb ist
500 ml (¹/₂ l) Fleischbrühe	hinzugießen, mit einem Schneebesen durchschlagen, darauf achten, daß keine Klumpen entstehen, zum Kochen bringen, etwa 10 Minuten kochen lassen, das Fleisch hinzufügen, kurze Zeit miterhitzen, mit
Pfeffer	
Essig	
Zucker	abschmecken
Kochzeit:	Etwa 3 Stunden.
Tip:	1 Teel. Senf im Teller mit dem „Töttchen" verrühren.

Lippischer Wurstebrei

1−1¹/₂ kg Schweinefleisch	unter fließendem kalten Wasser abspülen, evtl. einmal durchschneiden
1¹/₂ l Salzwasser	zum Kochen bringen, das Fleisch hineingeben
1 Bund Suppengrün	putzen, waschen, kleinschneiden
1 Zwiebel	abziehen, mit dem Suppengrün,
1−2 Lorbeerblättern	
2 Nelken	zu dem Fleisch geben, zum Kochen bringen, gar kochen lassen das Fleisch aus der Brühe nehmen, von den Knochen lösen, in Stücke schneiden, die Brühe durch ein Sieb gießen, mit Wasser auf 1¹/₂ l auffüllen, zum Kochen bringen
125 g grobe Gerstengrütze	einstreuen, zum Kochen bringen, etwa 10 Minuten quellen lassen
125 g feine Gerstengrütze	hinzufügen, zum Kochen bringen, weitere 10−15 Minuten quellen lassen
250 g Zwiebeln	abziehen, mit dem Fleisch durch den Fleischwolf drehen, die Fleisch-Zwiebel-Masse mit
1 Teel. gerebeltem Majoran 1 Teel. gemahlenem Piment 1 Teel. Pfeffer 1 Messerspitze gemahlenen Nelken	zu der Gerstengrütze geben, je nach Beschaffenheit des Wurstebreis evtl. noch
250−375 ml (¹/₄−³/₈ l) heißes Wasser	hinzugießen, aufkochen lassen,
Salz, Pfeffer	kräftig mit würzen
Kochzeit für das Fleisch:	Etwa 1¹/₂ Stunden
für die Grütze:	20−25 Minuten.

Westfälisches Blindhuhn (Foto)

200 g weiße Bohnen 1¹/₂−2 l Wasser	waschen, 12−24 Stunden in einweichen, in dem Einweichwasser zum Kochen bringen
400 g durchwachsenen Speck	hinzufügen, zum Kochen bringen
300 g Grüne Bohnen	abfädeln, waschen, in kleine Stücke brechen
250 g Möhren	putzen, schrappen, waschen
750 g Kartoffeln	schälen, waschen beide Zutaten kleinschneiden
2 Äpfel 2 Birnen	beide Zutaten schälen, vierteln, entkernen, in Würfel schneiden die fünf Zutaten nach etwa 1 Stunde Kochzeit zu den Bohnen und dem Speck geben, zum Kochen bringen, mit
Salz, Pfeffer	würzen, noch etwa 30 Minuten kochen lassen den Speck herausnehmen, in Streifen schneiden, wieder in den Eintopf geben
150 g durchwachsenen Speck	in feine Würfel schneiden, auslassen
2 Zwiebeln	abziehen, fein würfeln, in dem Speckfett goldgelb anbraten den Eintopf in einer vorgewärmten Schüssel anrichten, Speck- und Zwiebelwürfel dazureichen
Garzeit:	Etwa 1¹/₂ Stunden.
Tip:	Schnell zubereitet ist der Eintopf ohne weiße Bohnen, dann 500 g Grüne Bohnen verwenden.

Wirsing mit Bauernmettwurst

750 g Wirsing (vorbereitet gewogen)	waschen, in feine Streifen schneiden
375 g Kartoffeln	schälen, waschen, in Würfel schneiden
1 Zwiebel	abziehen, würfeln
50 g Schmalz	zerlassen, die Zwiebelwürfel darin hellgelb dünsten lassen, den Wirsing hinzufügen, kurze Zeit mitdünsten lassen, mit
Salz, Pfeffer	würzen, die Kartoffelwürfel hinzufügen
250 ml (¹/₄ l) Wasser	
etwa 300 g Bauernmett- wurst	hinzufügen, gar dünsten lassen, mit Salz, Pfeffer abschmecken die Wurst in Scheiben schneiden, wieder in den Eintopf geben
Dünstzeit:	Etwa 45 Minuten.

Graupen-Suppe mit Pflaumen
(Foto)

250 g Back- pflaumen	waschen, in
1¹/₄ l Wasser	12−24 Stunden einweichen, mit dem Einweichwasser zum Kochen bringen
3¹/₂ ge- strichene Eßl. Klare Instant- Fleischbrühe	unterrühren
100 g Perl- graupen	
30 g Butter	hinzufügen, zum Kochen bringen, gar kochen lassen, nach Belieben mit
Streuwürze Zucker	abschmecken
1 Eigelb	mit
2 Eßl. kaltem Wasser	verschlagen, die Suppe damit abziehen
Kochzeit:	Etwa 1 Stunde.

Steckrüben-Eintopf

500 g Schwei-nebauch (ohne Knochen)	unter fließendem kalten Wasser abspülen, trockentupfen, in kleine Würfel schneiden
1 kg Steck-rüben	schälen, waschen, in Stifte schneiden
750 g Kartoffeln	schälen, waschen, in Würfel schneiden
40 g Margarine	erhitzen, das Fleisch unter Wenden schwach darin bräunen
2 Zwiebeln	abziehen, würfeln kurz bevor das Fleisch ge-nügend gebräunt ist, die Zwiebeln hinzufügen, kurz mitbräunen lassen das Fleisch mit
Salz, Pfeffer	würzen, Steckrüben, Kartoffeln,
500 ml ($^1/_2$ l) Wasser	hinzufügen, gar schmoren lassen den Eintopf mit Salz, Pfeffer abschmecken, mit
gehackter Petersilie	bestreuen
Schmorzeit:	Etwa 1 Stunde.

Rheinischer Suppentopf (Foto)

375 g Rind-fleisch	unter fließendem kalten Wasser abspülen, trockentupfen, in Würfel schneiden
4−5 Eßl. Speiseöl	erhitzen, das Fleisch darin anbraten
1$^1/_4$ l Wasser	hinzugießen
4 gestrichene Eßl. Klare Instant-Fleischbrühe	unterrühren, zum Kochen brin-gen, 15−20 Minuten kochen lassen
1 Sellerie-knolle (etwa 250 g)	schälen, waschen, in Würfel schneiden
300 g frische Grüne Bohnen	abfädeln, waschen, in Stücke brechen
250 g Kartoffeln	schälen, waschen, in Würfel schneiden
1 Stange Porree	gründlich waschen, in Ringe schneiden (evtl. nochmals waschen) das Gemüse in die Fleischsuppe geben, weitere 40−50 Minuten kochen lassen, mit
Salz Pfeffer	abschmecken den Suppentopf mit
feingehackter Petersilie	bestreuen
Garzeit:	Etwa 1$^1/_4$ Stunden.

Kartoffelsuppe Westfalen

500 g Kartoffeln	schälen, waschen, in Würfel schneiden
1 Stange Porree	putzen, waschen, in Ringe schneiden, evtl. nochmals waschen die beiden Zutaten in
1 l kochende Fleischbrühe	geben, zum Kochen bringen, etwa 25 Minuten kochen lassen, durch eine Sieb streichen, die Suppe mit
Salz Pfeffer geriebener Muskatnuß	abschmecken, zum Kochen bringen
250 ml ($^1/_4$ l) Schlagsahne	unterrühren, zum Kochen brin-gen, kurze Zeit schwach kochen lassen die Suppe mit
1 Bund fein-geschnittenem Schnittlauch	bestreuen, sofort servieren
Kochzeit:	25−30 Minuten.
Beigabe:	Bauernbrot.

Apfelmus

750 g Äpfel	waschen, von Stiel und Blüte befreien, in kleine Stücke schneiden, mit
5 Eßl. Wasser	zum Kochen bringen, weich kochen lassen, durch ein Sieb streichen, mit
etwa 50 g Zucker	abschmecken.

Stippmilch

250 g Speisequark (Magerquark)	mit
40 g Zucker 1 Päckchen **Vanille-Zucker** **125 ml (¹/₈ l) Milch**	verrühren
125 ml (¹/₈ l) Sahne	steif schlagen, unter den Quark heben.
Beigabe:	Gemischtes Obst.

Stachelbeergrütze

	Für die Grütze
500 g Stachelbeeren	von Stiel und Blüte befreien, waschen, gut abtropfen lassen, mit
125 ml (¹/₈ l) Wasser **175 g Zucker**	zum Kochen bringen, weich kochen lassen
60 g Speisestärke	mit
125 ml (¹/₈ l) kaltem Wasser	anrühren, unter Rühren in die kochenden, von der Kochstelle genommenen Stachelbeeren geben, kurz aufkochen lassen die Stachelbeergrütze in eine kalt ausgespülte Sturzform oder in eine kalt ausgespülte Glasschale füllen, einige Stunden kalt stellen, stürzen.

Grießklöße mit Sauerkirschen
(Foto)

	Für die Grießklöße
100 g Grieß **500 ml (¹/₂ l) kochende Milch**	unter ständigem Rühren in streuen, unter häufigem Umrühren ausquellen lassen den Grießbrei etwas ausquellen lassen
20–30 g Butter	in kleinen Flocken hineingeben nach und nach
3 Eigelb **1 Prise Salz** **50 g Zucker**	unterarbeiten
4 Stücke Zwieback	zerbröseln aus der Grießmasse mit nassen Händen Klöße formen, in den Zwiebackbröseln wälzen
etwa 50 g Butter	in einer Pfanne zerlassen, die Grießklöße darin von beiden Seiten goldbraun braten, warm stellen
	für die Sauerkirschen
500 g Sauerkirschen	waschen, entstielen, entsteinen, mit
Saft und abgeriebener Schale von 1 Zitrone (unbehandelt) **100 g Zucker**	bestreuen sobald die Früchte Saft gezogen haben, sie mit
1 Zimtstange **2 Nelken**	zum Kochen bringen die Kirschen bei schwacher Hitze gar dünsten lassen, Zimtstange und Nelken entfernen, die Sauerkirschen heiß oder kalt mit den heißen Grießklößen servieren
Garzeit für den Grieß:	10–15 Minuten
Dünstzeit für die Kirschen:	Etwa 15 Minuten.

Micken

60 g Hefe	zerbröckeln, mit
¹/₂ Teel.	
Zucker	und 10 Eßl. von
375 ml (³/₈ l)	
lauwarmer	
Milch	anrühren
1 kg Weizen-	
mehl	in eine Rührschüssel sieben, in die Mitte eine Vertiefung ein-drücken, die aufgelöste Hefe hin-eingeben, mit etwas Weizenmehl verrühren
	die angerührte Hefe etwa 20 Mi-nuten zugedeckt an einem warmen Ort gehen lassen
	sobald sie doppelt so hoch ist,
125 g Zucker	
2 Eier	
1 Teel. Salz	
100 g zer-	
lassene, lau-	
warme Butter	und die restliche Milch hinzufügen von der Mitte aus die Hefe mit den übrigen Zutaten mit einem elektri-schen Handrührgerät mit Knet-haken zuerst auf der niedrigsten, dann auf der höchsten Stufe in etwa 5 Minuten zu einem Teig verarbeiten
	den Teig an einem warmen Ort so lange stehenlassen, bis er etwa doppelt so hoch ist
	aus dem Teig längliche Brötchen formen, dicht an dicht in Reihen in eine gefettete Kastenform setzen
	die Brötchen nochmals an einem warmen Ort so lange stehen lassen, bis sie doppelt so hoch sind
	die Kastenform auf dem Rost in den vorgeheizten Backofen schieben
Strom:	Etwa 200, **Gas:** Etwa 4
Backzeit:	Etwa 20 Minuten
	die Micken abkühlen lassen, zum Servieren die einzelnen Brötchen abbrechen
Butter	
Konfitüre	dazureichen.

**Die mitteldeutsche Küche —
das essen die Hessen**

Hausgemachte Eiernudel-Suppe
(Etwa 6 Portionen – großes Foto)

	Für die Nudeln
100 g Weizenmehl	in eine Schüssel sieben, in die Mitte eine Vertiefung eindrücken
1 Ei Salz ¹/₂ Teel. Speiseöl	hineingeben, nach und nach von der Mitte aus mit dem Mehl verrühren, alles zu einem festen Teig verkneten den Teig dünn ausrollen, auf ein Küchentuch legen, etwa 2 Stunden zum Trocknen stehenlassen
	für die Brühe
500 g Rindfleisch 500 g Markknochen	beide Zutaten unter fließendem kalten Wasser abspülen, in
2 l Salzwasser	geben, zum Kochen bringen, abschäumen, ziehen lassen
1 Zwiebel	abziehen
1 Bund Suppengrün	putzen, waschen, kleinschneiden beide Zutaten mit
1 Lorbeerblatt 4 Wacholderbeeren	etwa 30 Minuten vor Beendigung der Garzeit zu dem Fleisch geben, zum Kochen bringen, gar ziehen lassen die Brühe durch ein Sieb gießen, abkühlen lassen, das Fett entfernen, nach Belieben das Fleisch kleinschneiden, mit dem Suppengrün in die Brühe geben die Brühe wieder erhitzen den Nudelteig in feine Streifen schneiden, in die Brühe geben, zum Kochen bringen, gar ziehen lassen, kurz vor Beendigung der Garzeit
feine Porreestreifen	in die Suppe geben
Garzeit:	Etwa 2³/₄ Stunden.

Handkäs mit Musik

600 g (3 Rollen) Mainzer Käse	in Scheiben schneiden, in eine Keramik- oder Steingutschüssel geben
	für die Marinade
2 Eßl. Speiseöl	mit
1 Eßl. Essig Salz Pfeffer Kümmel	verschlagen
2 Zwiebeln	abziehen, in Würfel oder Scheiben schneiden, unterrühren die Marinade über den Käse geben den Handkäs etwa ¹/₂ Tag durchziehen lassen.
Tip:	Zum Handkäs mit Musik Apfelwein reichen.

Lauchgemüse mit Schwartemagen

750 g Lauch (Porree)	putzen, in Scheiben schneiden, gründlich waschen
2 große Zwiebeln	abziehen, würfeln
1 Eßl. Schweineschmalz	zerlassen, die Zwiebelwürfel darin andünsten, den Lauch tropfnaß dazugeben, evtl. noch etwas Wasser hinzufügen, den Lauch mit
Salz frisch gemahlenem Pfeffer	würzen
4 Scheiben Schwartemagen	in das Gemüse geben, mitschmoren lassen
Dünstzeit:	Etwa 15 Minuten.

Mangold (Römisch Kohl – Foto)

1 kg Mangold	putzen, die Stengel von den Blättern schneiden die Blätter gründlich waschen, ohne Wasser gar dünsten lassen, dann grob oder fein schneiden die Mangoldstengel abziehen
50 g Butter oder Margarine	zerlassen, die Mangoldstengel darin andünsten
1 Lorbeerblatt 1–2 Teel. Essig 125 ml (¹/₈ l) Milch	hinzufügen, mit
Salz	würzen, gar dünsten lassen die kleingeschnittenen Mangoldblätter,
125 ml (¹/₈ l) Schmand	unterrühren, erhitzen das Gemüse mit Salz,
frisch gemahlenem Pfeffer	abschmecken
Dünstzeit:	Etwa 10 Minuten.

Schweinefleisch-Rouladen, hessisch

4 Scheiben Schweinefleisch (je etwa 150 g)	unter fließendem kalten Wasser abspülen, trockentupfen, leicht klopfen, mit
mittelscharfem Senf	bestreichen, mit
Salz frisch gemahlenem Pfeffer Paprika edelsüß	bestreuen von
4 Scheiben gekochtem Schinken	je eine Scheibe auf jede Schweinefleischscheibe legen
1 Gewürzgurke	längs vierteln
60 g fetten Speck	in Streifen schneiden
2 Zwiebeln	abziehen, halbieren, in Scheiben schneiden die Zutaten auf die Fleischscheiben geben, von der schmalen Seite her aufrollen, mit einer Bratennadel oder Küchengarn zusammenhalten
2 Eßl. Schweineschmalz	erhitzen, die Rouladen von allen Seiten gut darin anbraten, etwas von
250 ml (¹/₄ l) Malzbier 250 ml (¹/₄ l) Fleischbrühe	hinzufügen, die Rouladen schmoren lassen, von Zeit zu Zeit wenden, verdampfte Flüssigkeit nach und nach ersetzen die garen Rouladen von Bratennadeln (Küchengarn) befreien die Rouladen auf einer vorgewärmten Platte anrichten, warm stellen den Bratensatz nach Belieben mit Wasser auffüllen, zum Kochen bringen
1 gestrichenen Eßl. Weizenmehl mit 2 Eßl. kaltem Wasser	anrühren, den Bratensatz damit binden, die Soße mit Salz, Pfeffer abschmecken, zu den Rouladen reichen
Schmorzeit:	Etwa 1¹/₄ Stunden.

Hessischer Edelsäcker (Foto)

Etwa 1¹/₂ kg ausgelöstes Kotelettstück	unter fließendem kalten Wasser abspülen, eine tiefe Tasche einschneiden, das Fleisch innen und außen mit
Salz, Pfeffer	einreiben
	für die Füllung
100 g gekochtes Sauerkraut	lockerzupfen
2 Zwiebeln	abziehen
200 g durchwachsener Speck 4 Gewürzgurken	die drei Zutaten in Würfel schneiden, mit dem Sauerkraut,
2 Teel. Senf Salz, Pfeffer	vermengen, mit würzen die Füllung in die Tasche geben, die Öffnung mit Küchengarn zunähen das Fleisch in
100 g Weizenmehl	wenden
100 g Butterschmalz	zerlassen, das Fleisch darin von allen Seiten braun braten
125 ml (¹/₈ l) Fleischbrühe	hinzugießen, das Fleisch zugedeckt schmoren lassen, von Zeit zu Zeit wenden, gar schmoren lassen
Schmorzeit:	Etwa 1¹/₂ Stunden.
Beilage:	Kartoffelpüree.

Rindfleisch mit Grüner Soße (Foto)

1 kg Rindfleisch (aus der Keule)	unter fließendem kalten Wasser abspülen, in
1 l kochende Fleischbrühe	geben, zum Kochen bringen, mit
Salz, Pfeffer	würzen, zugedeckt etwa 1 Stunde kochen lassen
2 Bund Suppengrün	putzen, waschen, in Streifen schneiden
1 Zwiebel	abziehen, in Scheiben schneiden, mit dem Suppengrün,
1 Lorbeerblatt	zu dem Fleisch geben, etwa 80 Minuten kochen lassen das gare Fleisch aus der Brühe nehmen, in Scheiben schneiden, auf einer vorgewärmten Platte anrichten, mit
gehackter Petersilie	bestreuen
	für die Soße
1 Eßl. Mayonnaise	mit
250 ml (1/4 l) saurer Sahne	verrühren, den
Saft von 1 Zitrone	unterrühren
1 hartgekochtes Ei	pellen, fein hacken, hinzufügen, die Soße mit
Salz Pfeffer Zucker	abschmecken
200 g Kräuter (Petersilie, Schnittlauch, Dill, Estragon, Pimpinelle)	vorsichtig abspülen, trockentupfen, fein hacken (einige Blättchen zum Garnieren zurücklassen), in die Soße geben, eine Zeitlang im Kühlschrank stehenlassen die Soße mit den restlichen

Kräutern garnieren, zu dem Rindfleisch reichen

Kochzeit: Etwa 1 3/4 Stunden.

Hessisches Weckewerk

500 g Zwiebeln	abziehen, würfeln
2–3 Eßl. Griebenschmalz	zerlassen, die Grieben herausnehmen, die Zwiebelwürfel in dem Fett hellbraun braten, die Grieben wieder hinzufügen, kurz durchbraten, mit
Salz, Pfeffer	würzen
750 g Weckewerk oder Gehacktes (halb Rind-, halb Schweinefleisch)	hinzufügen, durchbraten, dabei die Fleischklümpchen mit einer Gabel zerdrücken das Fleisch gar braten lassen, evtl. mit Salz, Pfeffer abschmecken
Bratzeit:	Etwa 25 Minuten.
Beilage:	Pellkartoffeln.

Zwiebelgemüse

750 g junge Zwiebeln	abziehen, halbieren
50 g Butter	zerlassen, die Zwiebeln darin andünsten
125 ml (1/8 l) Weißwein 125 ml (1/8 l) Fleischbrühe	hinzugießen
3 Eßl. Rosinen	verlesen, unterrühren, die Zwiebeln mit
Salz, Pfeffer	würzen, gar dünsten lassen
2 Eßl. Semmelmehl	unterrühren, kurz durchdünsten
Dünstzeit:	Etwa 20 Minuten.

Rippchen mit Kraut

500 g gepökel-te Rippchen	unter fließendem kalten Wasser abspülen, in
1 l Wasser	geben, zum Kochen bringen, gar kochen lassen, warm stellen
1 Zwiebel Schmalz	abziehen, fein würfeln zerlassen, die Zwiebelwürfel darin goldgelb dünsten
500 g Sauer-kraut	lockerzupfen, etwa 5 Minuten mitdünsten lassen
1 Apfel	schälen, vierteln, entkernen, in Würfel schneiden, mit
12 Wacholder-beeren	(am besten im Mullbeutel) hin-zufügen
250 ml (¹/₄ l) Weißwein 100–200 ml Fleischbrühe	hinzugießen, zugedeckt zum Kochen bringen, dünsten lassen nach etwa 1 Stunde Dünstzeit
500 g durch-wachsenen Speck	dazugeben
2 Eßl. Kirsch-wasser	etwa 30 Minuten vor Beendigung der Garzeit hinzufügen
6 Frankfurter Würstchen (Colmarettes oder geräucherte Würstchen)	zu dem Sauerkraut geben, etwa 10 Minuten miterhitzen das Sauerkraut in einer vorge-wärmten Schüssel anrichten den Speck in dünne Scheiben schneiden die garen Rippchen in Portions-stücke teilen, mit dem Speck und dem Sauerkraut auf einer vorge-wärmten Platte anrichten
Dünstzeit für das Sauerkraut:	Etwa 2 Stunden
Kochzeit für die Rippchen:	Etwa 1¹/₂ Stunden.
Beilage:	Kartoffel-Püree mit Speck.

Hasenbraten
(Etwa 6 Portionen)

1 küchenfertigen Hasen (2 kg, Rücken, Keulen, Läufe)	*unter fließendem kalten Wasser abspülen, trockentupfen, enthäuten, von allem Fett befreien, Keulen und Läufe vom Rücken trennen, das Fleisch mit*
Salz, Pfeffer Rosmarinblättchen	*einreiben, mit*
	bestreuen, mit
50 g weicher Butter	*bestreichen, die Hälfte von*
125 g fetten Speckscheiben	*in eine mit Wasser ausgespülte Rostbratpfanne legen, darauf Keulen und Läufe geben, mit Speckscheiben bedecken (einige für den Rücken zurücklassen)*
1 Zwiebel	*abziehen*
1 Möhre	*putzen, schrappen, waschen beide Zutaten kleinschneiden, mit*
1 Lorbeerblatt 10 zerdrückten Wacholderbeeren 5 Pimentkörnern	*hinzufügen, in den Backofen schieben den Rücken erst nach 15 Minuten Bratzeit dazulegen sobald der Bratensatz bräunt, etwas von*
250 ml (¹/₄ l) heißem Wasser	*hinzugießen, das Fleisch ab und zu mit dem Bratensatz begießen, verdampfte Flüssigkeit nach und nach ersetzen*
1 Becher (150 g) saure Sahne 5 Eßl. Kondensmilch	*mit*
	verrühren, 10 Minuten vor Beendigung der Bratzeit den Hasen damit begießen

das gare Fleisch auf einer vorgewärmten Platte anrichten, warm stellen
den Bratensatz mit Wasser loskochen, durch ein Sieb gießen, nach Belieben mit Wasser auf-

	füllen, auf der Kochstelle zum Kochen bringen		*binden, die Soße mit Salz, Pfeffer abschmecken*
etwas Speise- **stärke**	*mit*	**Strom:**	*200—225,* **Gas:** *3—4*
etwas kaltem		**Bratzeit:**	*Etwa 1 1/2 Stunden (je nach Alter des Tieres).*
Wasser	*anrühren, den Bratensatz damit*	**Beilage:**	*Klöße, Rotkohl.*

Erbsensuppe mit Klößchen

375 g junge ausgepahlte Erbsen	waschen, abtropfen lassen
200 g durchwachsenen Speck	in Würfel schneiden, ausbraten
1 Zwiebel	abziehen, würfeln, in dem Speckfett andünsten, die Erbsen hinzufügen
750 ml (³/₄ l) Fleischbrühe	hinzugießen, mit
Salz, Pfeffer	würzen, zum Kochen bringen, etwa 20 Minuten kochen lassen für die Klößchen
2 Brötchen (vom Vortag)	in kaltem Wasser einweichen, gut ausdrücken, mit
1 Ei 2–3 Eßl. Weizenmehl	zu einem Teig verkneten, mit
Salz, Pfeffer feingehackte Petersilie	würzen
	unterkneten aus dem Teig kleine Klößchen formen, in die Suppe geben, zum Kochen bringen, in etwa 10 Minuten gar ziehen lassen
Garzeit:	Etwa 30 Minuten.

Linsen-Suppe mit Streuseln

200 g Backpflaumen 750 ml (³/₄ l) Wasser	in 12–24 Stunden einweichen, in dem Einweichwasser zum Kochen bringen, in etwa 25 Minuten gar kochen, abtropfen lassen
250 g Linsen	waschen
500 g geräucherte Rippchen	unter fließendem kalten Wasser abspülen, mit den Linsen in
1¹/₂ l Wasser	geben, zum Kochen bringen, in etwa 1 Stunde fast weich kochen lassen
2 Kartoffeln	schälen, waschen, in Würfel schneiden
1 Bund Suppengrün	putzen, waschen, kleinschneiden beide Zutaten zu den Linsen geben, mit
Salz, Pfeffer	würzen, in 25–30 Minuten gar kochen lassen die Rippchen von den Knochen befreien, das Fleisch mit den Backpflaumen in die Suppe geben für die Streusel
1 Ei, Salz Weizenmehl	mit soviel verarbeiten, daß Streusel entstehen, in die Suppe geben, in 10–15 Minuten gar ziehen lassen.

Quer durch de Garte (Foto)

1 Kohlrabi	schälen
4 Möhren	putzen, schrappen
¹/₂ Knolle Sellerie	schälen
1 Stange Lauch	putzen die vier Zutaten waschen, in kleine Würfel schneiden
¹/₂ Blumenkohl	putzen, in Röschen teilen, waschen
350 g Grüne Bohnen	abfädeln, waschen, in Stücke brechen
80 g durchwachsenen Speck	in Würfel schneiden
1–2 Zwiebeln	würfeln
50 g Butter	zerlassen, die Speckwürfel darin ausbraten, die Zwiebelwürfel hinzufügen, hellgelb dünsten lassen, das Gemüse hinzufügen, mitdünsten lassen
1¹/₂ l Fleischbrühe	hinzugießen, zum Kochen bringen
2 Tomaten	in Würfel schneiden (Stengelansätze entfernen), etwa 10 Minuten vor Beendigung der Garzeit hinzufügen, den Eintopf mit
Salz, Pfeffer	würzen
Garzeit:	Etwa 50 Minuten.

Wutschhebes (Foto)

500 g Kartoffeln Salzwasser	schälen, in geben, zum Kochen bringen, in etwa 25 Minuten gar kochen lassen, abgießen, durch die Kartoffelpresse geben
1 kg Kartoffeln	schälen, waschen, reiben, in einem Küchentuch gut auspressen, zu den gekochten Kartoffeln geben
1 Ei, 1 Eßl. Weizenmehl 1 gestr. Teel. Salz	hinzufügen, alles zu einem Teig verkneten, mit bemehlten Händen Klößchen daraus formen mit
2 l Milch 1 l Salzwasser	zum Kochen bringen, die Klößchen hineingeben, zum Kochen bringen, gar ziehen lassen
100 g durchwachsenen Speck	würfeln, ausbraten, über die gare Suppe geben
Garzeit für die Klöße:	Etwa 20 Minuten.

Motten und Klöße

750 g Schweinenacken	unter fließendem kalten Wasser abspülen, abtrocknen, vom Knochen lösen, das Fleisch in etwa 2 cm große Würfel schneiden den ausgelösten Knochen in
1 l kaltes Salzwasser	geben, zum Kochen bringen, etwa 30 Minuten kochen lassen
1 kg Möhren	putzen, schrappen, waschen, in grobe Stifte schneiden
2 Zwiebeln	abziehen, fein würfeln
50 g Schweineschmalz	zerlassen, die Zwiebeln darin andünsten Fleischwürfel und Möhren hinzufügen, miterhitzen
	die Knochenbrühe durch ein Sieb gießen, zu dem Fleisch geben, mit
Salz, Pfeffer	würzen, zum Kochen bringen, etwa 30 Minuten kochen lassen, verdampfte Flüssigkeit nach und nach ersetzen für die Klöße
1 kg Kartoffeln	waschen, in so viel Wasser zum Kochen bringen, daß die Kartoffeln bedeckt sind, in etwa 20 Minuten gar kochen lassen, abgießen, pellen, abkühlen lassen, fein reiben, mit
2 Eiern 125—250 g Weizenmehl	zu einem glatten Teig verkneten, sollte er kleben, noch etwas Mehl hinzufügen, mit Salz, Pfeffer,
geriebener Muskatnuß	abschmecken aus dem Teig mit nassen Händen Klöße formen (4 große oder 8 kleinere), auf die Möhren legen, etwa 15 Minuten ziehen lassen
Garzeit:	Etwa 1 1/4 Stunden.

Hutzelkloß (Foto)

250 g gemisch-tes Backobst	
750 ml (³/₄ l)	*12–24 Stunden in*
Wasser	*einweichen, mit dem Einweich-wasser,*
60 g Zucker	*zum Kochen bringen*
50 g Butter	*geschmeidig rühren, nach und nach*
50 g Zucker	
2 Eier, Salz	
1 Tropfen Backöl	
Zitrone	*hinzufügen*
250 g Weizen-mehl	*mit*
6 g (2 ge-strichene Teel.) Back-pulver	*mischen, sieben, abwechselnd mit*
6 Eßl. Milch	*unterrühren*
	aus dem Teig einen Kloß formen, auf das kochende Backobst legen, etwa 45 Minuten im zugedeckten Topf, dann noch 15 Minuten im offenen Topf kochen lassen
Kochzeit:	*Etwa 1 Stunde.*

kochendes Salzwasser	*geben, zum Kochen bringen, gar ziehen lassen (Wasser muß sich leicht bewegen)*
Garzeit:	*Etwa 20 Minuten.*

Kartoffelklöße

375 g Pell-kartoffeln	*heiß pellen, durch eine Kartof-felpresse geben, erkalten las-sen*
1 kg Kartoffeln	*waschen, schälen, reiben, auf ein Küchentuch geben, gut aus-pressen, das Kartoffelwasser auffangen, stehenlassen, damit sich die Stärke absetzt, das Wasser abgießen*
	gekochte und rohe Kartoffelmas-se mit der abgesetzten Stärke,
50–75 g Kar-toffelmehl	*vermengen*
1–2 Eier	*unterkneten, mit*
Salz	*würzen*
	aus der Masse mit nassen Händen Klöße formen

Pellkartoffeln und Duckefett

1 kg kleine mehlig-kochende Kartoffeln	*waschen, in Wasser zum Kochen bringen, in 20–25 Minuten gar kochen lassen, abgießen, sofort pellen, warm stellen für das Duckefett*
150 g durch-wachsenen Speck	*klein würfeln, auslassen*
2 Zwiebeln	*abziehen, würfeln, in dem Speck-fett hellbraun braten*
250 ml (¹/₄ l) Milch	*hinzugießen*
2 Eßl. Schmand	*unterrühren, kurz aufkochen lassen, mit den Pellkartoffeln servieren.*

Puttäpfel (Foto)

8 mittelgroße Äpfel	waschen, nicht schälen, von der Blütenseite her ausbohren, aber nicht durchstechen die Äpfel in eine gefettete Auflaufform oder auf feuerfeste kleine Teller setzen
1−2 Eßl. Butter	mit
1−2 Eßl. Zucker	
1 Päckchen Vanille-Zucker	verrühren, in die Äpfel füllen, auf dem Rost in den vorgeheizten Backofen schieben, weich backen
Strom:	200−225
Gas:	3−4
Backzeit:	30−45 Minuten.

Schmand-Kuchen

1 Päckchen Hefe (42 g)	zerbröckeln, mit
50 g Zucker	
Salz	und 10 Eßl. von
250 ml (¹/₄ l) lauwarmer Milch	anrühren
500 g Weizenmehl	in eine Rührschüssel sieben, in die Mitte eine Vertiefung eindrücken, die aufgelöste Hefe hineingeben, sie etwa 1/2 cm dick mit
Weizenmehl	bestreuen
2 Eßl. Speiseöl	an den Rand des Mehls geben sobald das auf die Hefe gestreute Mehl stark rissig wird, von der Mitte aus die Hefe mit dem Mehl und den übrigen Zutaten mit dem elektrischen Handrührgerät mit Knethaken zuerst auf der niedrigsten, dann auf der höchsten Stufe in etwa 5 Minuten zu einem Teig verarbeiten

den Teig an einem warmen Ort so lange stehenlassen, bis er etwa doppelt so hoch ist, ihn dann gut durchkneten
den Teig auf einem gefetteten Backblech ausrollen

100 g Rosinen	verlesen, über den Teig streuen den Teig nochmals gehen lassen

für den Belag

1 Päckchen Pudding-Pulver Vanille-Geschmack	
20 g Speisestärke	
75 g Zucker	mit 6 Eßl. von
375 ml (³/₈ l) kalter Milch	anrühren, die übrige Milch zum Kochen bringen, von der Kochstelle nehmen, das Pudding-Pulver unter Rühren hineingeben, kurz aufkochen lassen, den Pudding während des Erkaltens ab und zu umrühren
2 Becher (je 250 g) Schmand	unterrühren, die Puddingcreme auf den Teig streichen das Backblech auf dem Rost in den vorgeheizten Backofen schieben
Strom:	Etwa 200
Gas:	Etwa 4
Backzeit:	Etwa 30 Minuten
1 Becher (250 g) Schmand	mit
2 Eßl. Zucker	gut verrühren, über den gebackenen Kuchen streichen den Schmand-Kuchen noch etwa 5 Minuten backen lassen.

Frankfurter Kranz

200 g Butter	geschmeidig rühren, nach und nach
200 g Zucker	
3 Eier	
abgeriebene Schale von ¹/₂ Zitrone (unbehandelt)	
2 Eßl. Rum	hinzugeben
150 g Weizenmehl	mit
150 g Speisestärke	
6 g Backpulver	mischen, sieben, eßlöffelweise unterrühren, den Teig in eine gefettete Kranz-Form füllen
Strom:	175−200, **Gas:** 2−3
Backzeit:	Etwa 50 Minuten
	den Kuchen nach dem Backen noch etwa 10 Minuten im Backofen stehenlassen, aus der Form stürzen, eine Zeitlang ruhen lassen (am besten über Nacht) für die Buttercreme von
500 ml (¹/₂ l) Milch	6 Eßl. abnehmen, mit
4 Eßl. Speisestärke	verrühren, restliche Milch mit
40 g Zucker	
1 Vanilleschote	zum Kochen bringen in die von der Kochstelle genommene Milch die angerührte Speisestärke rühren, kurz aufkochen lassen, von der Kochstelle nehmen, unter ständigem Rühren erkalten lassen (Vanilleschote entfernen)
200 g Butter	geschmeidig rühren, die Vanillespeise eßlöffelweise darunter geben (darauf achten, daß weder Fett noch Vanillespeise zu kalt sind), mit
Kirschwasser	abschmecken
	für den Krokant
1 Eßl. Butter	zerlassen
4 Eßl. Zucker	unter Rühren so lange darin bräunen, bis er schwach gebräunt ist

150 g abgezogene, gehackte Mandeln	hinzufügen, unter Rühren erhitzen, bis der Krokant genügend gebräunt ist die Masse auf einer mit

Speiseöl bestrichenen Platte erkalten
lassen, klein zerstoßen
das Gebäck zweimal waagerecht
durchschneiden
etwa $1/3$ der Creme auf die Ringe
streichen, zusammensetzen

die restliche Buttercreme (etwas
zum Verzieren zurücklassen)
rundherum gleichmäßig auf den
Kranz streichen, mit Krokant
bestreuen, mit der restlichen
Creme nach Belieben verzieren.

Die Pfälzer Küche —
den Winzern in der Topf geschaut

Pfälzer Linsensuppe *(Foto)*

250 g Linsen	waschen, in
750 ml (³/₄ l) Rotwein	12–24 Stunden einweichen
1 Bund Suppengrün	putzen, waschen, abtropfen lassen, kleinschneiden, in
20 g zerlassener Butter	andünsten, zu den Linsen geben, Linsen mit dem Rotwein, dem Suppengrün,
500 ml (¹/₂ l) Fleischbrühe	zum Kochen bringen, eine Zeitlang bei milder Hitze kochen lassen
500 g Wildfleisch (ohne Knochen)	unter fließendem kalten Wasser abspülen, trockentupfen
30 g durchwachsenen Speck **1 Zwiebel**	in Streifen schneiden, auslassen abziehen, fein würfeln, mit dem Wildfleisch zu dem Speck geben, anbraten, mit
Salz Pfeffer 1 Lorbeerblatt 2 Pimentkörnern 2 Pfefferkörnern	würzen, mit ... zu den Linsen geben, zum Kochen bringen, gar kochen lassen das Fleisch in kleine Würfel schneiden, wieder in die Suppe geben, die Suppe mit Salz, Pfeffer abschmecken
Kochzeit:	Etwa 1¹/₂ Stunden.

Sauerampfer-Suppe

2 Zwiebeln	abziehen, fein würfeln
1–2 Eßl. Butter oder Margarine	zerlassen, die Zwiebelwürfel darin glasig dünsten lassen
500 ml (¹/₂ l) Gemüse- oder Fleischbrühe	hinzugießen, zum Kochen bringen, etwa 5 Minuten kochen lassen
200–250 g Sauerampfer	verlesen, die Stiele entfernen, die Sauerampferblätter vorsichtig abspülen, abtropfen lassen, in feine Streifen schneiden, in die Brühe geben, zum Kochen bringen, etwa 5 Minuten kochen lassen
2 Eigelb	mit
250 ml (¹/₄ l) Sahne	verrühren, die Suppe damit abziehen, erhitzen (nicht mehr kochen lassen), mit
Salz, Pfeffer	abschmecken, sofort servieren
Kochzeit:	10–12 Minuten.

Grüne Bohnen-Suppe *(Foto)*

500 g Grüne Bohnen (vorbereitet gewogen)	waschen, in Stücke brechen oder schneiden
2—3 Kartoffeln	schälen, waschen, in Würfel schneiden
1 Zweig Bohnenkraut	abspülen die drei Zutaten in
1¹/₂ l Fleischbrühe	geben, zum Kochen bringen, etwa 25 Minuten kochen lassen (Bohnenkraut entfernen)
2—3 EßI. Weizenmehl	mit
1 Becher (150 g) saurer Sahne	verrühren, die Suppe damit binden, mit
Salz Pfeffer	abschmecken
1 Ring Fleischwurst	enthäuten, in Würfel schneiden, in die Suppe geben, miterhitzen
gehackte Petersilie	über die Suppe streuen
Kochzeit:	Etwa 30 Minuten.

Markklößchen-Suppe

250 g zerkleinerte Rinderknochen	
250 g Rindfleisch	beide Zutaten unter fließendem kalten Wasser abspülen, in
1¹/₂ l kaltes Salzwasser	geben, zum Kochen bringen, abschäumen
1 Bund Suppengrün	putzen, waschen, kleinschneiden, hinzufügen das Fleisch gar ziehen lassen, herausnehmen, in kleine Würfel schneiden
	die Brühe durch ein Sieb gießen, mit Salz,
Suppenwürze	abschmecken
	für die Markklößchen
40 g Rindermark	zerlassen, durch ein Sieb gießen, kalt stellen, das abgekühlte Fett geschmeidig rühren
1 Ei 1 Eigelb Salz 45 g Semmelmehl	hinzufügen (es muß eine geschmeidige Masse entstehen)
1 Messerspitze Backpulver	unterrühren die Masse etwa 30 Minuten stehen lassen, mit nassen Händen Klößchen daraus formen die Rindfleischbrühe zum Kochen bringen, die Markklößchen darin gar ziehen lassen
Kochzeit für die Suppe:	Etwa 2¹/₂ Stunden
Garzeit für die Klößchen:	Etwa 3 Minuten.
Beigabe:	Weißbrot.

Erbsen-Auflauf

50 g Butter	zerlassen
40 g Weizen-mehl	unter Rühren so lange darin erhitzen, bis es hellgelb ist, abkühlen lassen
500 ml (¹/₂ l) Milch	zum Kochen bringen, kurz aufkochen lassen, unter die erkaltete Mehlschwitze rühren, mit einem Schneebesen durchschlagen, darauf achten, daß keine Klumpen entstehen, die Soße mit
Salz, Pfeffer geriebener Muskatnuß	würzen
2 Eigelb	mit
etwas Wasser	verschlagen, die Soße damit abziehen (nicht mehr kochen lassen)
450 g ausgepahlte Erbsen	waschen, abtropfen lassen, unterrühren
2 Eiweiß	steif schlagen, vorsichtig unter die Erbsenmasse heben die Masse in eine gefettete, mit
Semmelmehl	ausgestreute Auflaufform füllen, glattstreichen, die Form in den vorgeheizten Backofen schieben
Strom:	200 – 225, **Gas:** 3 – 4
Backzeit:	Etwa 20 Minuten den Auflauf sofort servieren.

Spargel mit feiner Spinatsoße
(Foto)

1 kg Spargel	von oben nach unten schälen
250 ml (¹/₄ l) Wasser	mit
Salz, Zucker	zum Kochen bringen, den Spargel hineingeben, zum Kochen bringen, in etwa 20 Minuten gar kochen lassen den garen Spargel mit einem Schaumlöffel herausnehmen, auf eine vorgewärmte Platte legen für die Spinatsoße
1 kg Spinat	verlesen, waschen, in
kochendes Salzwasser	geben, zum Kochen bringen,

einige Minuten kochen lassen, bis die Blätter zusammenfalllen, gut abtropfen lassen, fein hacken

1 Zwiebel	abziehen, fein würfeln
1 Eßl. Speiseöl	erhitzen, die Zwiebelwürfel darin andünsten, den Spinat hin-

	zufügen, mitdünsten lassen	**etwas kaltem**	
1 Becher		**Wasser**	anrühren, die Soße damit binden,
(150 g)			mit
Crème fraîche	unterrühren	**Salz, Pfeffer**	
1−2 Eßl.		**geriebener**	
Weizenmehl	mit	**Muskatnuß**	abschmecken.

Weißkraut-Salat (Foto)

	Von
1 Kopf Weiß-kohl (etwa 1¹/₄ kg)	die äußeren Blätter entfernen, den Kohl achteln, den Strunk herausschneiden, den Kohl waschen, in feine Streifen schneiden, in
kochendes Salzwasser	geben, zum Kochen bringen, etwa 1 Minute kochen, abtropfen lassen
250 g durch-wachsenen Speck	in Würfel schneiden, auslassen für die Salatsoße
4 Eßl. Essig 125 ml (¹/₈ l) Salatöl	mit
	verrühren, mit
Salz, Pfeffer Kümmel	würzen, mit den Salatzutaten vermengen den Salat 1−2 Stunden durchziehen lassen, mit Salz, Pfeffer, Kümmel abschmecken.

Rebhühner auf Weinkraut

50 g Speck	in kleine Würfel schneiden
2 Eßl. Speise-öl	erhitzen, den Speck darin auslassen
500 g Sauer-kraut	mit
1 Lorbeerblatt 5 Wacholder-beeren	hinzufügen, durchdünsten lassen
gut 125 ml (¹/₈ l) heißes Wasser	hinzugießen, das Sauerkraut etwa 30 Minuten dünsten lassen
500 g helle Weintrauben	waschen, halbieren, entkernen, zusammen mit
125 ml (¹/₈ l) Weißwein	unter das Sauerkraut rühren, etwa 20 Minuten mitdünsten lassen, das Weinkraut mit

Salz, Pfeffer	würzen, auf eine vorgewärmte Platte geben, warm stellen
2 küchenferti-ge Rebhühner	an der Bauchseite mit der Geflügelschere aufschneiden, unter fließendem kalten Wasser abspülen, abtrocknen, mit Pfeffer einreiben, einen Grillrost mit Alufolie belegen, die Rebhühner mit dem Rücken darauf legen
1 Eßl. Butter	zerlassen, Bauch und Flügel der Rebhühner mit der Hälfte der Butter bestreichen die Rebhühner unter den vorgeheizten Grill schieben, zunächst von der einen, dann von der anderen Seite grillen, die Rebhühner nach dem Wenden mit der restlichen Butter bestreichen die garen Rebhühner mit Salz bestreuen, auf dem Weinkraut anrichten
Dünstzeit für das Weinkraut: Grillzeit Strom:	Etwa 50 Minuten
	Bauchseite: Etwa 8 Minuten Rücken: Etwa 10 Minuten
Gas:	Jede Seite 5−6 Minuten.

Lauch-Kuchen (Foto)

250 g Weizen-mehl	auf die Tischplatte sieben
125 g kalte Butter	in Stücke schneiden, mit
$^1/_2$ Teel. Salz	
Zucker	zu dem Mehl geben, alles schnell zu einem glatten Teig verkne-ten, etwa 30 Minuten kalt stellen den Teig auf dem Boden einer gefetteten Springform (Ø 28 cm) ausrollen, am Rand etwa 2 cm hochdrücken die Form auf dem Rost in den vorgeheizten Backofen schieben
Strom:	Etwa 250
Gas:	Etwa 5
Backzeit:	Etwa 10 Minuten
	für den Belag
400 g durch-wachsenen Speck	in Würfel schneiden, auslassen
1 kg Porree	putzen, das dunkle Grün bis auf etwa 10 cm entfernen den Porree in dünne Scheiben schneiden, gründlich waschen, abtropfen lassen, in dem Speck-fett etwa 15 Minuten dünsten lassen, mit
Salz frisch gemah-lenem Pfeffer	würzen, abkühlen lassen
4 Eßl. Weizen-mehl	mit
250 ml ($^1/_4$ l) Sahne	
5 Eiern	verschlagen, unter den Porree rühren, mit
geriebener Muskatnuß	würzen die Masse auf den vorgebackenen Boden geben, glattstreichen die Form auf dem Rost in den vorgeheizten Backofen schieben
Strom:	Etwa 200
Gas:	Etwa 4
Backzeit:	Etwa 40 Minuten den Lauch-Kuchen heiß servieren.

Champignon-Salat

375 g Champignons	putzen, waschen, gut abtropfen lassen, in dünne Scheiben schnei-den
	für die Salatsoße
Saft von 2 Zitronen	mit
4 Eßl. Oliven-öl	verschlagen, mit
Salz frisch gemah-lenem weißem Pfeffer	
Zucker	würzen
1 mittelgroße Zwiebel	abziehen, fein würfeln, mit
2 Eßl. gehack-ten Kräutern (Kerbel, Pim-pinelle, glatte Petersilie)	unterrühren die Champignonscheiben in die Salatsoße geben, vermengen, sofort servieren.
Tip:	Als Vorspeise reichen.

93

Pfälzer Saumagen (großes Foto)

1 kleinen Sau-magen (beim Fleischer vor-bestellen)	unter fließendem kalten Wasser abspülen, 12–24 Stunden in
Salzwasser	legen, gründlich abspülen, trockentupfen
750 g Schwei-nebauch (ohne Knochen) 750 g Vorder-schinken	beide Zutaten unter fließendem kalten Wasser abspülen, trok-kentupfen, in Würfel schneiden
80 g Schweine-schmalz	zerlassen, die Fleischwürfel darin anbraten
500 g Kartoffeln	schälen, waschen, in Würfel schneiden, zu dem Fleisch geben, mitbraten, abkühlen lassen
3 Brötchen (vom Vortag)	in Wasser einweichen, gut aus-drücken
1 kg Bratwurst-fülle 6 Eier	die drei Zutaten zu der Fleisch-Kartoffel-Masse geben, vermen-gen, mit
Salz, Pfeffer geriebener Muskatnuß gerebeltem Majoran	kräftig würzen, in den Saumagen füllen, die Öffnungen mit Küchengarn zubinden den Saumagen in
kochendes Salzwasser	geben, zum Kochen bringen, gar ziehen lassen (nicht kochen)
Garzeit:	Etwa 2½ Stunden.
Beilage:	Sauerkraut.

Bratwurst-Kranz

1 Paket (300 g) tiefgekühlten Blätterteig	etwas auftauen lassen, zu einem langen, schmalen Rechteck aus-rollen
4 grobe Bratwürste	mit
Salz, Pfeffer 100 g durch-wachsenem Speck (in dünnen Scheiben)	würzen, mit umwickeln, auf den Blätterteig legen, den Teig um die Wurst legen, einen Kranz formen, die Ränder gut zusammendrücken den Kranz auf ein gefettetes Backblech legen
1 Eigelb	verquirlen, die Teigoberfläche damit bestreichen
Strom:	Etwa 200
Gas:	Etwa 4
Backzeit:	20–25 Minuten.
Beilage:	Weinsauerkraut, Kartoffelpüree oder gemischter Salat, Brot.

Rehkeule

Etwa 1 kg Reh-fleisch (aus der Keule)	unter fließendem kalten Wasser abspülen, trockentupfen, ent-häuten, mit
Salz zerdrückten Wacholder-beeren gerebeltem Thymian gerebeltem Majoran gerebeltem Rosmarin gerebeltem Salbei	einreiben
1−2 Zwiebeln	abziehen, würfeln
1 Eßl. Butter-schmalz	erhitzen, das Fleisch von allen Seiten darin anbraten, die Zwie-belwürfel hinzufügen den zugedeckten Bratentopf auf dem Rost in den vorgeheizten Backofen schieben
Strom:	175−200
Gas:	3−4
Bratzeit:	Etwa 30 Minuten das gare Fleisch aus dem Topf nehmen, warm stellen den Bratensatz mit
250 ml (¹/₄ l) Rotwein	loskochen, durch ein Sieb gies-sen, nach Belieben
1 Eßl. Weizen-mehl	mit
2 Eßl. kaltem Wasser	anrühren, den Bratensatz damit binden
2 Eßl. Preisel-beer-Kompott 1 Becher (150 g) Crème fraîche	unterrühren, kurz aufkochen las-sen, die Soße mit Salz,
Pfeffer Fleischextrakt	abschmecken das Fleisch in Scheiben schnei-den, mit der Soße anrichten.

Dippehas

750 g Hasen-fleisch (Läufe, Keulen oder Rükkenstücke)	unter fließendem kalten Wasser abspülen, trockentupfen, in Portionsstücke teilen
250 g durchwachsenen Speck **100 g geräucherten fetten Speck**	die beiden Zutaten in Würfel schneiden
Speiseöl	in einem Bratentopf erhitzen, den Speck darin ausbraten, das Hasenfleisch von allen Seiten darin anbraten
5 Zwiebeln	abziehen, würfeln
3—4 Möhren	putzen, schrappen
1/2 Sellerieknolle	schälen
	das Gemüse waschen, in Stücke schneiden, mit den Zwiebeln zu dem Fleisch geben, mitdünsten lassen
1 Knoblauchzehe	abziehen, fein hacken, mit
2 Pimentkörnern **2 Wacholderbeeren** **1 Lorbeerblatt** **1 Gewürznelke** **schwarzem Pfeffer** **Salz** **1 Eßl. Thymianblättchen oder 1/2 Teel. gerebeltem Thymian**	hinzufügen
250 ml (1/4 l) Rotwein **250 ml (1/4 l) Wasser**	hinzugießen, zum Kochen bringen

2 Scheiben Schwarzbrot (vom Vortag)	fein reiben, über das Fleisch streuen
	den Topf zugedeckt auf dem Rost in den vorgeheizten Backofen schieben, gar schmoren lassen, ab und zu umrühren
Strom:	Etwa 175, **Gas:** Etwa 2
Schmorzeit:	Etwa 2 Stunden.

Wildgulasch (Foto)

Etwa 1 kg Wildgulasch	trockentupfen
Butterschmalz	zerlassen, das Fleisch portionsweise darin anbraten, nach und nach Butterschmalz hinzufügen das Fleisch herausnehmen
3 Zwiebeln	abziehen, würfeln, in dem Bratfett goldbraun anbraten, das Fleisch wieder hinzufügen
2 Möhren	putzen, schrappen
1 kleine Sellerieknolle	schälen
300 g Champignons	putzen
	die drei Zutaten waschen, Möhren und Sellerie in Würfel schneiden, die Pilze vierteln die Zutaten mit
5 Wacholderbeeren	zu dem Fleisch geben
375 ml (3/8 l) Fleischbrühe **125 ml (1/8 l) Rotwein**	hinzugießen, mit
Salz, Pfeffer gerebeltem Thymian	würzen
	das Fleisch etwa 40 Minuten schmoren lassen
300 g Schattenmorellen	waschen, entsteinen, hinzufügen, miterhitzen
150 g Crème fraîche **2 Eßl. Cognac**	unterrühren, mit Salz, Pfeffer abschmecken
Garzeit:	Etwa 1 Stunde.

Bäckerofen

750 g Schweine-, Rind- oder Hammelfleisch	unter fließendem kalten Wasser abspülen, trockentupfen, in Würfel schneiden
4 Möhren	putzen, schrappen
1 Stange Porree	putzen beide Zutaten waschen, kleinschneiden (Porree evtl. nochmals waschen), mit dem Fleisch in eine Schüssel geben, mit so viel von
1 Flasche (0,7 l) Weißwein	übergießen, daß die Zutaten knapp bedeckt sind
1 Knoblauchzehe	abziehen, zerdrücken, mit
10 Pfefferkörnern **1 Lorbeerblatt** **2 Pimentkörnern**	hinzufügen, das Fleisch zugedeckt einige Stunden (am besten über Nacht) an einem kühlen Ort stehenlassen
250 g abgezogene Zwiebeln	halbieren, in Scheiben schneiden
750 g Kartoffeln	schälen, waschen, in Scheiben schneiden die Zwiebelscheiben mit dem Fleisch, dem Gemüse, den Kartoffelscheiben abwechselnd lagenweise in einen gefetteten Schmortopf schichten, mit der Marinade begießen (soll knapp bedeckt sein, evtl. noch etwas Wein hinzufügen), mit
Salz, Pfeffer **1/2 Teel. gerebeltem Thymian** **1/2 Teel. gerebeltem Basilikum** **1/2 Teel. gerebeltem Bohnenkraut**	würzen, den Topf zugedeckt in den Backofen schieben, nach $2^1/2$ Stunden Garzeit probieren, ob das Fleisch gar ist

— den Winzern in den Topf geschaut

1−2 Becher (150−300 g) Crème fraîche   unterrühren, das Gericht mit

2−3 Eßl. Semmelmehl   bestreuen

Butter   in Flocken darauf setzen

den „Bäckerofen" kurz im geöffneten Topf bei starker Hitze überbacken, im Topf servieren

Strom: 175−200 (vorgeheizt)
Gas: 3−4
Garzeit: 2¹/₂−3 Stunden.

Pfannkuchen, überbacken *(Foto)*

Für den Teig

250 g Weizenmehl in eine Schüssel sieben, in die Mitte eine Vertiefung eindrücken mit

6 Eier
2 Eßl. Zucker
Salz
375 ml (³/₈ l) Milch verschlagen, etwas davon in die Vertiefung geben, von der Mitte aus Eiermilch und Mehl verrühren, nach und nach die übrige Eiermilch dazugeben, darauf achten, daß keine Klumpen entstehen, den Teig etwa 30 Minuten stehenlassen

etwas von

6 Eßl. Speiseöl in einer Stielpfanne erhitzen, eine dünne Teiglage hineingeben, von beiden Seiten goldgelb backen
bevor der Eierkuchen gewendet wird, etwas Speiseöl in die Pfanne geben
die übrigen Eierkuchen auf die gleiche Weise zubereiten
die Pfannkuchen zusammenrollen, in etwa 1 cm breite Streifen schneiden, in eine gefettete flache Auflaufform legen

für den Guß

125 ml (¹/₈ l) Sahne
2 Eigelb
1 Eßl. Zucker
1 Teel. gemahlenem Zimt verschlagen, über die Pfannkuchenröllchen gießen, die Form auf dem Rost in den vorgeheizten Backofen schieben
die Röllchen goldgelb überbacken

Strom: Etwa 200
Gas: Etwa 3
Backzeit: 10−15 Minuten.

Kirschmichel

60 g Butter geschmeidig rühren, nach und nach

125 g Zucker
1 Päckchen Vanille-Zucker
2 Eier
150 g Grieß unterrühren
125 g Weizenmehl
9 g (3 gestrichene Teel.) Backpulver mischen, sieben, abwechselnd mit

250 ml (¹/₄ l) Milch unterrühren
500 g Sauerkirschen waschen, entstielen, entsteinen, unter den Teig heben, in eine gefettete Auflaufform füllen, auf dem Rost in den vorgeheizten Backofen schieben

Strom: 175−200
Gas: 2−3
Backzeit: 50−60 Minuten.

Weincreme mit Baiser-Haube
(Foto)

6 Eigelb	*mit*
250 ml (1/4 l) trockenem Weißwein	
4 Teel. Speisestärke	
100 g Zucker	
Saft von 1 Zitrone	*verschlagen, in einem kleinen Topf im heißen Wasserbad langsam erhitzen, bis die Masse dicklich ist, danach im kaltem Wasserbad mit einem Schneebesen so lange schlagen, bis die Creme abgekühlt ist*
	die Creme in eine Auflaufform füllen

für die Baiser-Haube

6 Eiweiß	*mit*
3 Eßl. Zucker	
1 Päckchen Vanille-Zucker	*verrühren, steif schlagen, in einen Spritzbeutel füllen, die Creme damit verzieren, mit*
4 Eßl. abgezogenen, gehobelten Mandeln	*bestreuen*
Strom:	*Etwa 225*
Gas:	*Etwa 4*
Backzeit:	*5—10 Minuten.*

Himbeer-Gelee

Etwa 500 g Himbeeren	*verlesen, evtl. Blättchen oder Stiele entfernen*
6 Blatt rote Gelatine kaltem Wasser	*in einweichen, 5 Minuten zum Quellen stehenlassen*
250 ml (1/4 l) Himbeersaft	*mit*
250 ml (1/4 l) Wasser	*zum Kochen bringen, von der*

Kochstelle nehmen, die gequollene, gut ausgedrückte Gelatine hineingeben, so lange rühren, bis sie gelöst ist
die Flüssigkeit mit

2 Eßl. Zitronensaft	*verrühren, 125 ml (1/8 l) davon in eine mit kaltem Wasser ausgespülte Puddingform gießen, kalt stellen*
	sobald die Geleeschicht erstarrt ist, die Himbeeren hineingeben (einige zum Garnieren zurücklassen)
	so viel von dem Fruchtsaft darüber gießen, daß die Himbeeren bedeckt sind, kalt stellen
	sobald diese Schicht erstarrt ist, die restliche Flüssigkeit darüber gießen, kalt stellen, damit die Speise fest wird
	das Himbeergelee auf einen Teller stürzen, nach Belieben mit
Schlagsahne	*verzieren, mit den zurückgelassenen Himbeeren verzieren.*

Trauben-Kuchen

200 g Weizenmehl	auf die Tischplatte sieben, in die Mitte eine Vertiefung eindrücken
150 g Zucker 1 Ei Salz	hineingeben, mit einem Teil des Mehls zu einem dicken Brei verarbeiten
150 g Butter oder Margarine	in Stücke schneiden, auf den Brei geben, mit Mehl bedecken, von der Mitte aus alle Zutaten schnell zu einem glatten Teig verkneten, sollte er kleben, ihn eine Zeitlang kalt stellen den Teig auf dem Boden einer gefetteten Springform ausrollen, den Rand 2−3 cm hochziehen
50 g Weckmehl	darüber streuen
500 g grüne oder blaue Weintrauben	von den Stielen zupfen, die Weintrauben waschen, halbieren, entkernen, mit
30−50 g Zucker	bestreuen die Weintrauben auf dem Teig verteilen die Form auf dem Rost in den vorgeheizten Backofen schieben
	für den Guß
250 ml (¹/₄ l) Sahne 3 Eigelb 3 Teel. Zucker	mit verschlagen, nach etwa 30 Minuten Backzeit auf dem Kuchen verteilen, noch etwa 15 Minuten backen
Strom:	Etwa 175
Gas:	Etwa 3
Backzeit:	Etwa 45 Minuten.

Die südwestdeutsche Küche – Schlemmereien aus Schwaben und Baden

Grünkernsuppe (Foto)

40 g Butter	zerlassen
100 g Grün-kernmehl	unter Rühren so lange darin er-hitzen, bis es hellgelb ist
gut 1 l Wasser	hinzugießen, mit einem Schnee-besen durchschlagen, darauf achten, daß keine Klumpen ent-stehen, zum Kochen bringen, gar kochen lassen
125 ml (¹/₈ l) Sahne	hinzugießen, mit
Salz, Pfeffer Zucker geriebener Muskatnuß	würzen
1 Eßl. fein-geschnitte-nen Schnitt-lauch	darüber streuen
Kochzeit:	10 Minuten.
Tip:	Geröstete Weißbrotwürfel in die Suppe geben.

Flädlesuppe

250 g zer-kleinerte Rinder-knochen 250 g Rind-fleisch (Bein-scheibe)	beide Zutaten unter fließendem kalten Wasser abspülen, in
1¹/₂ l kal-tes Wasser	geben, zum Kochen bringen, ab-schäumen
1 Bund Suppengrün	putzen, waschen, kleinschnei-den, hinzufügen das Fleisch gar ziehen lassen die Brühe durch ein Sieb gießen, mit Salz,
Fleischextrakt oder Suppen-würze	abschmecken
Kochzeit:	2¹/₂–3 Stunden

	für die Flädle
2–3 gehäufte Eßl. Weizen-mehl	in eine Schüssel sieben, in die Mitte eine Vertiefung eindrük-ken
Salz	
1 Ei	hineingeben, von der Mitte aus Ei und Mehl verrühren, nach und nach
250 ml (¹/₄ l) kalte Milch	hinzufügen, darauf achten, daß keine Klumpen entstehen aus dem Teig möglichst dünne Eierkuchen backen, übereinan-derlegen, aufrollen, in sehr schmale Streifen schneiden, erst kurz vor dem Servieren in die heiße Fleischbrühe geben, kurz erhitzen, mit
feingeschnit-tenem Schnitt-lauch	bestreut servieren
Garzeit:	2–3 Minuten.
Tip:	Feingehackte glatte Petersilie oder feingehackten Kerbel unter den Eierkuchenteig rühren.

Wäldler Wurstsalat (Foto)

200 g Zungen-wurst	
200 g Schwar-tenmagen	
200 g Lyoner Fleischwurst	
3 Gewürz-gurken	
	die vier Zutaten und nach Belieben
1 große abge-zogene Zwiebel	*in Streifen schneiden*
	für die Salatsoße
4 Eßl. Salatöl	*mit*
3 Eßl. Essig	*verrühren, mit*
Salz	
Pfeffer	*würzen, mit den Salatzutaten vermengen*
	den Wurstsalat kurz durchziehen lassen, auf einem Holzbrett an-richten, mit
Eivierteln	
Radieschen-scheiben	*garnieren.*
Beigabe:	*Bauernbrot.*

Zwiebelsuppe

1 kg Zwiebeln	*abziehen, vierteln, in Scheiben schneiden*
75 g Butter	*zerlassen, die Zwiebelscheiben darin andünsten*
³/₄−1 l Fleischbrühe	
250 ml (¹/₄ l) trockenen Weißwein	*hinzugießen, mit*
Salz	
Pfeffer	*würzen, zum Kochen bringen, etwa 10 Minuten kochen lassen*
6 Scheiben Toastbrot	*toasten, halbieren, mit*
100 g geriebe-nem Gouda	*bestreuen, unter den vorgeheiz-ten Grill schieben, grillen bis der Käse geschmolzen ist.*

Schneckensuppe

40 g Butter	*zerlassen*
40 g Weizen-mehl	*unter Rühren so lange erhitzen, bis es hellgelb ist*
750 ml (³/₄ l) Hühner- oder Kalbsbrühe	
250 ml (¹/₄ l) Sahne	*hinzugießen, mit dem Schnee-besen durchschlagen, die Suppe zum Kochen bringen, etwa 10 Mi-nuten schwach kochen lassen*
12 Schnecken (aus der Dose)	*unter fließendem kalten Wasser abspülen, hinzufügen*
1 Eigelb	*mit*
2 Eßl. Weiß-wein	*verschlagen, die Suppe damit abziehen, mit*
Salz	
frisch gemahlenem Pfeffer	*abschmecken.*

Winzer Zwiebelkuchen (großes Foto)

400 g Weizen-Vollkornmehl	in eine Schüssel sieben, mit
1 Päckchen Trocken-Hefe	sorgfältig vermischen
Zucker, Salz	
4 Eßl. Speise-öl	
250 ml (¼ l) lauwarme Milch	hinzufügen, alles mit einem elektrischen Handrührgerät mit Knethaken zuerst auf der niedrigsten, dann auf der höchsten Stufe in etwa 5 Minuten zu einem Teig verarbeiten, sollte er kleben, noch etwas Mehl hinzufügen (aber nicht zu viel, Teig muß weich bleiben), den Teig an einem warmen Ort so lange stehenlassen, bis er etwa doppelt so hoch ist

1½ kg Gemüsezwiebeln	abziehen, vierteln, in Scheiben schneiden
2 Eßl. Butter	zerlassen, die Zwiebelscheiben darin andünsten, mit
Salz, Pfeffer Rosmarin Kümmel	würzen
1 abgezogene, zerdrückte Knoblauchzehe	unterrühren, 15–20 Minuten offen dünsten, erkalten lassen
350 g Speck	in Würfel schneiden
200 g Gouda 3 Eiern 2 Eßl. Crème fraîche	raspeln, mit dem Speck,
	unter die Zwiebelmasse rühren den Teig nochmals gut durchkneten, ihn in einer gefetteten Fettfangschale ausrollen, an den Seiten hochdrücken, die Zwiebelmasse darauf verteilen den Teig nochmals so lange an einem warmen Ort stehenlassen, bis er etwa doppelt so hoch ist
Strom:	200–225, **Gas:** 3–4
Backzeit:	Etwa 40 Minuten.

Offenburger Sauerkraut

2 Zwiebeln	abziehen, in Scheiben schneiden
2 Äpfel	schälen, vierteln, entkernen, in dünne Scheiben schneiden
2 Eßl. Schmalz	in einem Topf zerlassen, die Zutaten darin andünsten
500 g Sauerkraut	lockerzupfen, hinzufügen, mitdünsten lassen
1 Knoblauchzehe	abziehen, fein hacken, mit
5 Wacholderbeeren ½ Teel. Kümmel 375 ml (⅜ l) Weißwein	zu dem Sauerkraut geben, mit gefettetem Pergamentpapier abdecken, mit einem Deckel verschließen, das Sauerkraut bei schwacher Hitze gar dünsten
125 g grüne Weintrauben	von den Stielen zupfen, waschen, halbieren, entkernen, in das Sauerkraut geben, noch einige Minuten dünsten lassen
Garzeit:	Etwa 1¾ Stunden.

Wildschwein-Terrine

**800 g Wild-
schweinkeule
(ohne
Knochen)
250 g
Schweineleber**

beide Zutaten unter fließendem
kalten Wasser abspülen, trockentupfen, in Würfel schneiden, mit

**4 zerdrückten
Wacholder-
beeren
6 cl Cognac**

vermengen, etwa 2 Stunden
durchziehen lassen

**1 Semmel (vom
Vortag)
Milch
200 g Zwiebeln
250 g fetten
Speck**

in
einweichen, gut ausdrücken
abziehen

beide Zutaten grob zerkleinern,
mit den marinierten Fleisch- und
Leberwürfeln, der ausgedrückten
Semmel durch die feine Scheibe
des Fleischwolfs drehen, mit

**Salz, Pfeffer
gerebeltem
Majoran**

würzen
eine Kasten- oder Terrinenform
mit

**20 Scheiben
frischen,
fetten Speck**

auslegen, die Fleischmasse ein-
füllen, glattstreichen
die überhängenden Speckschei-
ben über die Fleischmasse legen
die Form mit Alufolie abdecken, in
die Rostbratpfanne stellen, in den
vorgeheizten Backofen schieben

**1 l warmes
Wasser**

in die Rostbratpfanne gießen
nach der Hälfte der Garzeit

**750 ml (³/4 l)
warmes Wasser
Gas:
Backzeit:**

hinzugießen
Etwa 200, **Gas:** Etwa 4
Etwa 80 Minuten
die gare Terrine etwa 1 Tag kalt
stellen, erst kurz vor dem
Servieren stürzen.

Bachforellen in Rosmarinsoße
(Foto)

4 küchenfertige Bachforellen (ersatzweise Forellen, je 200−250 g)	unter fließendem kalten Wasser abspülen, trockentupfen, innen und außen mit
Zitronensaft	beträufeln, etwa 15 Minuten stehenlassen, trockentupfen, mit
Salz	würzen, in
Weizenmehl	wenden
50 g Butter	zerlassen, die Fische von beiden Seiten darin braten, auf einer vorgewärmten Platte anrichten, warm stellen
	für die Soße
2−3 Rosmarinzweige	abspülen, gut trockentupfen, in Stücke brechen, in dem Bratfett andünsten
125 ml (¹/₈ l) Wasser 125 ml (¹/₈ l) Sahne	hinzugießen, mit dem Bratfett verrühren, erhitzen
1 Eßl. Weizenmehl 2 Eßl. kaltem Wasser	mit anrühren, unter Rühren in die Flüssigkeit geben, zum Kochen bringen, etwa 5 Minuten kochen lassen
1−2 Eßl. Sherry medium Pfeffer, Paprika edelsüß	unterrühren, die Soße mit Salz, abschmecken, zu den Fischen reichen die Bachforellen mit
Zitronenscheiben Rosmarin	garnieren
Bratzeit für den Fisch:	Etwa 6 Minuten
Kochzeit für die Soße:	Etwa 5 Minuten.

Schleien in Senfsoße

4 küchenfertige Schleien (je etwa 200 g)	unter fließendem kalten Wasser abspülen, trockentupfen, den schwarzen Streifen am Rückgrat mit dem Daumennagel herausschälen
250 ml (¹/₄ l) trockenen Weißwein 125 ml (¹/₈ l) Wasser 1 Lorbeerblatt 1 Messerspitze gerebeltem Thymian 1 gehäuften Teel. Salz 10 Pfefferkörnern	mit zum Kochen bringen, die Fische hineingeben, zum Kochen bringen, gar ziehen lassen, die Flossen und Kiemen herausziehen, die Fische auf einer vor-

gewärmten Platte anrichten, im vorgeheizten Backofen warm stellen

für die Senfsoße
die Fischbrühe durch ein Sieb gießen, 250 ml (¹/₄ l) davon abmessen, zum Kochen bringen

1−2 Eßl. Weizenmehl	
125 ml (¹/₈ l) saurer Sahne	mit anrühren, unter die Fischbrühe rühren, zum Kochen bringen, etwa 5 Minuten kochen lassen
1 Eigelb **2 Eßl. Milch oder Sahne** **2 Eßl. mittelscharfem Senf**	mit verschlagen, die Soße damit abziehen
40 g Butter **frisch gemahlenem weißen Pfeffer** **Zucker**	dazugeben, unterrühren, mit abschmecken die Soße über die Schleien geben, mit
gehackter Petersilie	bestreuen, mit
Zitronenachteln **Tomatenachteln**	garnieren
Garzeit für den Fisch:	Etwa 20 Minuten
Kochzeit für die Soße:	Etwa 5 Minuten.
Beilage:	Salzkartoffeln.

Badischer Hecht (Foto)

1 küchenfertigen Hecht (1−1¹/₂ kg)	unter fließendem kalten Wasser abspülen, trockentupfen, innen und außen mit
Zitronensaft	beträufeln, etwa 15 Minuten stehenlassen, trockentupfen, innen und außen mit
Salz, Pfeffer	

2 Eßl. Speiseöl	einreiben
100 g geräucherte Speckscheiben	um den Hecht wickeln den Fisch in eine gefettete feuerfeste Form legen, auf dem Rost in den vorgeheizten Backofen schieben während des Bratens den Hecht öfters mit dem Bratfett begießen nach etwa 50 Minuten Bratzeit die Speckscheiben abnehmen, den Hecht mit
225 g (1¹/₂ Becher) Crème fraîche	übergießen, mit
Paprika edelsüß	bestäuben, noch 5−10 Minuten überbacken
Strom:	Etwa 225
Gas:	Etwa 6
Bratzeit:	Etwa 1 Stunde.
Beilage:	Butterkartoffeln.

Schwarzwälder Schäufele (Foto)

750 g gepökelte, leicht geräucherte Schweineschulter	unter fließendem kalten Wasser abspülen
1 l Wasser	mit
500 ml (¹/₂ l) Weißwein	
1 abgezogenen Zwiebel	
3 Nelken	
1 Lorbeerblatt	
4 Wacholderbeeren	
5 Pfefferkörnern	
gerebeltem Thymian	zum Kochen bringen, das Fleisch hineingeben, zum Kochen bringen, bei schwacher Hitze gar kochen lassen, herausnehmen, abtropfen lassen, in Scheiben schneiden, auf einer vorgewärmten Platte anrichten
Kochzeit:	Etwa 1¹/₂ Stunden.

Leberle, sauer

600 g Schweineleber	enthäuten, unter fließendem kalten Wasser abspülen, trockentupfen, in Würfel schneiden
100 g Speck	in kleine Würfel schneiden, auslassen, die Leberwürfel von allen Seiten gut darin anbraten
1 Zwiebel	abziehen, fein würfeln, mitbräunen lassen, mit
30 g Weizenmehl	bestäuben, mitbräunen lassen
500 ml (¹/₂ l) Fleischbrühe	hinzugießen, mit
Salz, Pfeffer	würzen, die Leber gar schmoren lassen
2 Eßl. Essig	hinzufügen, mit Salz,
Zucker	abschmecken
Schmorzeit:	10–15 Minuten.
Beilage:	Kartoffelpüree, Salat.

Kalbsvögel

4 Scheiben Kalbfleisch (je 150 g, aus der Keule geschnitten)
4 Scheiben roher Schinken
4 Scheiben durchwachsener Speck
4 gekochte, gepellte Eier
auf jede Kalbfleischscheibe 1 Scheibe Schinken, 1 Scheibe Speck, 1 Ei legen, das Fleisch von der schmalen Seite her aufrollen, mit Küchengarn zusammenhalten

60 g Butterschmalz erhitzen, die Rouladen von allen Seiten gut darin anbraten

etwas heißes Wasser hinzugießen, die Rouladen schmoren lassen, von Zeit zu Zeit wenden, verdampfte Flüssigkeit nach und nach ersetzen die garen Rouladen (Küchengarn entfernen) warm stellen den Bratensatz nach Belieben mit Wasser auffüllen, zum Kochen bringen

2 Teel. Speisestärke
1 Eßl. kaltem Wasser mit anrühren, den Bratensatz damit binden

2 Eßl. saure Sahne
Salz, Pfeffer unter die Soße rühren, mit würzen die Rouladen in Hälften oder Scheiben schneiden, in der Soße anrichten

Schmorzeit: Etwa 1 Stunde.

Rinderbraten Jäger Art (Foto)

1 kg Rinderbraten (als große Scheibe geschnitten) unter fließendem kalten Wasser abspülen, trockentupfen, auf der Innenseite mit

Salz, Pfeffer
150 g Schwarzwälder Speck (in Scheiben) bestreuen, mit belegen
für die Füllung

2 Zwiebeln abziehen, würfeln
250 g Champignons putzen, waschen, in Scheiben schneiden

150 g Schwarzwälder Speck in Würfel schneiden, ausbraten Zwiebelwürfel und Champignonscheiben darin in etwa 10 Minuten gar dünsten lassen

2−3 Eßl. gehackte Petersilie unterrühren, die Masse gleichmäßig auf das Fleisch streichen das Fleisch von der schmalen Seite her aufrollen, mit Küchengarn umwickeln

Butterschmalz in einem großen Bratentopf zerlassen, die Fleischroulade von allen Seiten gut darin anbraten
1 große Möhre putzen, schrappen, waschen, in Würfel schneiden

1 Knoblauchzehe abziehen, durchpressen beide Zutaten zu dem Fleisch geben

250 ml (¹⁄₄ l) Weißwein hinzugießen, das Fleisch im geschlossenen Topf schmoren

250 g Champignons putzen, waschen, in Scheiben schneiden, 10−15 Minuten vor Beendigung der Schmorzeit in den Bratensatz geben das gare Fleisch herausnehmen, in Scheiben schneiden, warm stellen

125 ml (¹⁄₈ l) Sahne unter den Bratensatz rühren
Schmorzeit: Etwa 1¹⁄₂ Stunden.

Rehgulasch (großes Foto)

500–750 g Rehfleisch	unter fließendem kalten Wasser abspülen, trockentupfen, enthäuten, in Würfel schneiden, etwa 3 Stunden in kaltes Wasser legen, damit das Fleisch hell wird (das Wasser ab und zu erneuern), danach das Fleisch abtropfen lassen, etwas abtrocknen
50 g fetten Speck	in Würfel schneiden
2 Zwiebeln	abziehen, würfeln
2 Eßl. Olivenöl	erhitzen, das Fleisch von allen Seiten gut darin anbraten Speck- und Zwiebelwürfel hinzugeben, mitbräunen lassen
1 Lorbeerblatt 3 Nelken 5 zerdrückte Wacholderbeeren	hinzufügen
250 ml (¹/₄ l) heiße Instant-Fleischbrühe 125 ml (¹/₈ l) Rotwein	hinzugießen, das Fleisch schmoren lassen
250 g Champignons	putzen, waschen, in Scheiben schneiden, etwa 15 Minuten vor Beendigung der Garzeit in das Gulasch geben
50 g Schwarzbrot	zerkrümeln, in
125 ml (¹/₈ l) Rotwein	einweichen, unter das gare Gulasch rühren nach Belieben
1–2 Eßl. Johannisbeergelee	unterrühren, das Gulasch mit
Salz, Pfeffer Paprika edelsüß	abschmecken
Schmorzeit:	1–1¹/₂ Stunden.
Beilage:	Semmelknödel oder Butternudeln.

Gebratene Wildente

1 Wildente (küchenfertig)	unter fließendem kalten Wasser abspülen, trockentupfen, innen und außen mit
Salz, Pfeffer	einreiben, mit
150 g Speck	umwickeln, in einen mit Wasser ausgespülten Bratentopf legen, auf dem Rost in den vorgeheizten Backofen schieben, sobald der Bratensatz bräunt, etwas
heißes Wasser	hinzugießen, die Ente ab und zu mit dem Bratensatz begießen
Strom:	Etwa 200, **Gas:** Etwa 3
Bratzeit:	Etwa 40 Minuten den Speck von der garen Ente nehmen, die Ente warm stellen
250 g Champignons	putzen, waschen, in Scheiben schneiden den Bratensatz mit
250 ml (¹/₄ l) Weißwein	loskochen, die Champignonscheiben darin etwa 10 Minuten dünsten lassen
150 ml Sahne	unterrühren, die Soße mit Salz, Pfeffer abschmecken.

Schwäbische Wurst-Suppe
(großes Foto)

1 l Wasser	zum Kochen bringen
3 gestr. Eßl. Klare Instant-Fleischsuppe	unterrühren
250 g Kartoffeln	schälen, waschen, in Würfel schneiden, mit
Majoran	in die Fleischsuppe geben, zum Kochen bringen, gar kochen
150–200 g verschiedene Wurstsorten (Blutwurst, Fleischwurst, Schinkenwurst, Schwartenmagen)	in kleine Stücke schneiden, in die Suppe geben, kurz miterhitzen, mit
Pfeffer Streuwürze	abschmecken kurz vor dem Servieren
geröstete Zwiebelwürfel	über die Suppe verteilen
Kochzeit:	Etwa 30 Minuten.

Gaisburger Marsch

500 g Rindfleisch	unter fließendem kalten Wasser abspülen, mit
1/2 Teel. Pfefferkörnern	
3 Gewürznelken	
1 Lorbeerblatt	in
1 1/2 l kaltes Salzwasser	geben, zum Kochen bringen, abschäumen
3 Zwiebeln	abziehen, würfeln
1 Stange Porree	putzen
1 Stück Sellerie	schälen
2 Möhren	
1 Petersilienwurzel	

beide Zutaten putzen, schrappen das Gemüse waschen, in Würfel schneiden, mit den Zwiebelwürfeln nach etwa 30 Minuten Kochzeit in die Brühe geben, zum Kochen bringen, etwa 45 Minuten kochen lassen das Fleisch herausnehmen, in Würfel schneiden das Gemüse mit einem Schaumlöffel herausnehmen, mit den Fleischwürfeln warm stellen

500 g Kartoffeln	schälen, waschen, in Würfel schneiden, in die Brühe geben, zum Kochen bringen, in etwa 15 Minuten gar kochen lassen Fleisch- und Gemüsewürfel wieder in die Brühe geben
400 g gekochte Spätzle	hinzufügen, miterhitzen
3 Zwiebeln	abziehen, in Scheiben schneiden, in Ringe teilen
50 g Butter	zerlassen, die Zwiebelringe darin braun braten, über den Eintopf geben
Kochzeit:	Etwa 1 1/2 Stunden.

Badischer Bohnentopf (Foto)

500 g weiße Bohnen	waschen, 12–24 Stunden in
1¹/₂ l Wasser	einweichen, in dem Einweichwasser mit
500 g durchwachsenem Speck (in dicken Scheiben)	zum Kochen bringen, etwa 1¹/₂ Stunden kochen lassen
4 Möhren	putzen, schrappen, waschen
2 Stangen Porree	putzen, gründlich waschen beide Zutaten in Scheiben schneiden
1 kg Kartoffeln	schälen, waschen, in Würfel schneiden Gemüse und Kartoffeln zu den Bohnen geben, zum Kochen bringen, mit
Salz, Pfeffer	würzen, in etwa 30 Minuten gar kochen lassen
2 Zwiebeln	abziehen, fein würfeln
2 Eßl. Butter	zerlassen, die Zwiebelwürfel darin andünsten
3 Eßl. gehackte Petersilie	hinzufügen, kurz mitdünsten lassen, unter den garen Bohnentopf rühren
Kochzeit:	Etwa 2 Stunden.

Hausgemachte Nudeln

	²/₃ von
500 g Weizenmehl	in eine Schüssel sieben, in die Mitte eine Vertiefung eindrücken
1 Teel. Salz	mit
1 Eßl. Essig	hineingeben
250 ml (¹/₄ l) Wasser	nach und nach von der Mitte aus mit dem Mehl verrühren, den Rest des Mehls unterkneten sollte der Teig kleben, noch etwas
Weizenmehl	hinzugeben den Teig in nicht zu großen Stücken dünn ausrollen, die Teigplatten zum Trocknen auf Tücher legen, wenn die Teigplatten so weit getrocknet sind, daß sie nicht mehr aufeinanderkleben, aber auch noch nicht zerbrechen, sie in gewünschte Länge und Breite schneiden die Nudeln so lange locker ausgebreitet an der Luft stehenlassen, bis sie vollkommen trocken sind.

Spätzle

400 g Weizenmehl	in eine Schüssel sieben, in die Mitte eine Vertiefung eindrücken
4 Eier	mit
1 gestr. Teel. Salz	
12 Eßl. Wasser	verschlagen, etwas davon in die Vertiefung geben, von der Mitte aus mit dem Mehl verrühren, nach und nach die übrige Flüssigkeit hinzugießen, darauf achten, daß keine Klumpen entstehen, den Teig so lange mit einem Rührlöffel schlagen, bis er Blasen wirft den Teig auf ein Holzbrett streichen, mit einem Spätzleschaber kleine Stücke portionsweise in
kochendes Salzwasser	geben, zum Kochen bringen, gar kochen lassen (die Spätzle sind gar, wenn sie an der Wasseroberfläche schwimmen) sie dann nochmals aufkochen lassen die garen Spätzle auf ein Sieb geben, mit kaltem Wasser übergießen, abtropfen lassen
Kochzeit:	3–5 Minuten.
Tip:	Zu Braten oder Geschnetzeltem reichen.

Kraut-Spätzle

250 g Weizenmehl	in eine Schüssel sieben, in die Mitte eine Vertiefung eindrücken
2 Eier	mit
1/2 Teel. Salz	
125 ml (1/8 l) Wasser	verschlagen, etwas davon in die Vertiefung geben, von der Mitte aus mit dem Mehl verrühren, nach und nach die übrige Flüssigkeit hinzugießen, darauf achten, daß keine Klumpen entstehen den Teig so lange mit einem Rührlöffel schlagen, bis er Blasen wirft den Teig auf ein Holzbrett streichen, mit einem Spätzleschaber kleine Stücke portionsweise in
kochendes Salzwasser	geben, zum Kochen bringen, gar kochen lassen (die Spätzle sind gar, wenn sie an der Wasseroberfläche schwimmen), sie dann nochmals aufkochen lassen die garen Spätzle auf ein Sieb geben, mit heißem Salzwasser abspülen, abtropfen lassen
1 mittelgroße Zwiebel	abziehen, würfeln
50 g Butter	zerlassen, die Zwiebelwürfel darin glasig dünsten lassen
500 g Weinsauerkraut (aus der Dose)	mit einer Gabel lockerzupfen, zu den Zwiebelwürfeln geben
125 ml (1/8 l) Wasser	hinzugießen, zum Kochen bringen, 10–15 Minuten dünsten lassen, mit
Salz gerebeltem Majoran	abschmecken Spätzle und Sauerkraut miteinander vermengen
2 Eßl. zerlassene Butter	darüber geben
Kochzeit für die Spätzle:	3–5 Minuten
Dünstzeit für das Sauerkraut:	10–15 Minuten.

Petersilien-Spätzle (Foto)

400 g Weizenmehl	in eine Schüssel sieben, in die Mitte eine Vertiefung eindrücken
50 g Petersilie	waschen, gut abtropfen lassen, fein hacken, mit
3 Eiern	
1 gestr. Teel. Salz	
Pfeffer	
100 ml Wasser	verschlagen, etwas davon in die Vertiefung geben, von der Mitte aus mit dem Mehl verrühren, nach und nach die übrige Flüssigkeit hinzugießen, darauf achten, daß keine Klumpen entstehen, den Teig so lange mit einem Rührlöffel schlagen, bis er Blasen wirft den Teig auf ein Holzbrett streichen, mit einem Spätzleschaber kleine Stücke portionsweise in
kochendes Salzwasser	geben, zum Kochen bringen, gar kochen lassen (die Spätzle sind gar, wenn sie an der Wasseroberfläche schwimmen), sie dann nochmals aufkochen lassen die garen Spätzle auf ein Sieb geben, mit kaltem Wasser übergießen, abtropfen lassen
Kochzeit:	3–5 Minuten.
Tip:	Die Spätzle mit gebräunter Butter übergießen.

Schupfnudeln (Foto)

1 kg Kartof- **feln**	waschen, mit so viel Wasser zum Kochen bringen, daß die Kartoffeln bedeckt sind, in 20–25 Minuten gar kochen lassen, abgießen, heiß pellen, erkalten lassen, durch den Fleischwolf drehen die Kartoffelmasse mit
250–350 g ge- **siebtem Wei-** **zenmehl** **2 Eiern**	vermengen, mit
Salz **geriebener** **Muskatnuß**	würzen aus dem Teig kleine Röllchen formen, die sich nach beiden Seiten hin verdünnen die Nudeln in
kochendes **Salzwasser**	geben, zum Kochen bringen, etwa 5 Minuten ziehen lassen, herausnehmen, gut abtropfen lassen, auf einem Küchenbrett oder einem Backblech ausbreiten, erkalten lassen die erkalteten Schupfnudeln portionsweise in siedendem
Pflanzenfett **Backzeit:**	ausbacken 3–5 Minuten.
Tip:	Schupfnudeln mit Kompott, Zimt und Zucker oder mit Sauerkraut und gebratenen Zwiebeln servieren.

Rhabarberauflauf

1 kg Rhabarber	waschen, in etwa 2 cm lange Stücke schneiden (nicht abziehen), mit
125 g Zucker	bestreuen sobald der Rhabarber Saft gezogen hat,
abgeriebene **Schale von** **1 Zitrone** **(unbehandelt)**	hinzufügen

	den Rhabarber in 5–10 Minuten weich dünsten lassen
3 Eßl. Marga- **rine**	zerlassen
etwa 200 g zer- **bröckelten** **Zwieback**	darin anbräunen
3 gut ge- **häufte Eßl.** **Zucker**	mit
2 Päckchen **Vanille-Zucker**	mischen, hinzufügen, unter Rühren mitbräunen lassen Zwieback, Rhabarberkompott abwechselnd lagenweise in eine gefettete flache Auflaufform schichten
2 Eiweiß	steif schlagen, mit
2 gut ge- **häuften Eßl.** **Zucker**	süßen, gleichmäßig auf den Rhabarberauflauf streichen die Auflaufform auf dem Rost in den Backofen schieben, den Auflauf goldgelb backen lassen
Strom:	Etwa 250 (vorgeheizt)
Gas:	Etwa 8
Backzeit:	3–5 Minuten.

Quark-Ofenschlupfer (Foto)

4 Semmeln (vom Vortag)	in dünne Scheiben schneiden
250 g Sahnequark	verrühren
50 g Rosinen	verlesen
	die drei Zutaten abwechselnd lagenweise in eine gut gefettete Auflaufform schichten
375 ml (³/₈ l) Buttermilch	mit
2 Eiern	
4 Eßl. Zucker	verschlagen, über den Auflauf gießen
50 g Butter	in Flöckchen darauf setzen die Form auf dem Rost in den vorgeheizten Backofen schieben
Strom:	Etwa 200
Gas:	Etwa 3
Backzeit:	50–60 Minuten.

Apfeltaschen, schwäbisch
(Foto Rücktitel)

	Für den Teig
150 g Speisequark	mit
6 Eßl. Milch	
6 Eßl. Speiseöl	
75 g Zucker	
1 Päckchen Vanille-Zucker	
1 Prise Salz	verrühren
300 g Weizenmehl	mit
1 Päckchen Backpulver	mischen, sieben die Hälfte des Mehls eßlöffelweise unter die Quarkmischung geben, den Rest unterkneten
	für die Füllung
500 g geschälte Apfelstücke	mit
etwas Wasser	
75 g Zucker	
50 g verlesenen Rosinen	etwas andünsten, erkalten lassen, mit
4 Tropfen Backöl Zitrone	abschmecken den Teig dünn ausrollen, runde Scheiben von etwa 10 cm Durchmesser ausstechen jede Teigscheibe zur Hälfte mit der Füllung belegen, die Ränder dünn mit
etwas Milch	bestreichen, Teighälfte überklappen die Ränder andrücken, auf ein gefettetes Backblech legen, auf dem Rost in den vorgeheizten Backofen schieben
Strom:	175–200
Gas:	3–4
Backzeit:	Etwa 15 Minuten die Apfeltaschen noch heiß mit
Zuckerguß	bestreichen.

Kletzen-Brot

250 g getrock- nete Birnen	über Nacht in
500 ml (1/2 l) Wasser	einweichen, abtropfen lassen
250 g getrock- nete Pflau- men ohne Stein	
100 g getrock- nete Feigen	
	die drei Zutaten würfeln
50 g Hasel- nußkerne	
50 g Walnuß- kerne	
75 g Mandeln	
	die drei Zutaten grob hacken verlesen
125 g Rosinen	
25 g gewürfel- tes Zitronat	
25 g gewürfel- tes Orangeat	
abgeriebene Schale von 1 Zitrone (unbehandelt)	
abgeriebene Schale von 1/2 Apfelsine (unbehandelt)	
1/2 Teel. gemah- lene Nelken	
1 Messerspitze Muskatblüte	
1 Teel. ge- mahlenen Zimt	
1 Teel. gemah- lener Korian- der	
1/2 Teel. Anissamen	
4 zerdrückte Wacholder- beeren	
	alle Zutaten vermengen
125 ml (1/8 l) Obstschnaps	darüber gießen, etwa 12 Stun- den durchziehen lassen, mehr- mals vorsichtig durchrühren
500 g Roggen- brotteig (mit Sauer- teig)	mit den Zutaten verkneten aus dem Teig 1 Brot von etwa 30 cm Länge und etwa 10 cm Breite formen, auf ein gefettetes Backblech legen, an einem war- men Ort etwa 1 Stunde gehen lassen, vor dem Backen mit Wasser bestreichen, mit
abgezogenen Mandeln	garnieren das Blech in den vorgeheizten Backofen schieben das Kletzenbrot während des Backens 2—3mal mit Wasser be- streichen
Strom:	175—200, **Gas:** 3—4
Backzeit:	Etwa 1 1/2 Stunden das Kletzenbrot erkalten lassen, in Alufolie wickeln, erst nach etwa 1 Woche anschneiden.

Heidelbeer-Pfannkuchen (Foto)

250 g Weizenmehl	in eine Schüssel sieben, in die Mitte eine Vertiefung eindrücken
2 Eier	mit
500 ml (1/2 l) Milch	
4 Eßl. Zucker	verschlagen, etwas davon in die Vertiefung geben, von der Mitte aus Eiermilch, Mehl verrühren, nach und nach die übrige Eier- milch dazugeben, darauf achten, daß keine Klumpen entstehen
800 g Heidelbeeren	verlesen, waschen, gut abtropfen lassen, vorsichtig unter den Teig heben, etwas von
80 g Butter	in einer Pfanne zerlassen, eine dünne Teiglage hineingeben, von beiden Seiten goldgelb backen bevor der Pfannkuchen gewen- det wird, etwas Butter in die Pfanne geben die fertigen Pfannkuchen mit
Puderzucker	bestäubt servieren.

Preiselbeer-Auflauf (im Foto links)

8 Semmeln (vom Vortag)	in etwa 1 cm dicke Scheiben schneiden
3 Eier	mit
750 ml (³/4 l) Milch	
100 g Zucker	verschlagen, über die Semmeln gießen, durchziehen lassen
400 g Preiselbeeren	verlesen, waschen, mit
125 ml (¹/8 l) Wasser	
100 g Zucker	zum Kochen bringen, in etwa 10 Minuten gar dünsten lassen Semmelscheiben und Preiselbeeren in eine gefettete flache Auflaufform schichten, mit
2 Eßl. Kirschwasser	beträufeln
3 Eßl. Butter	in Flöckchen darauf setzen
Strom:	175−200, **Gas:** 3−4
Backzeit:	Etwa 30 Minuten.

Apfelmus-Kuchen (im Foto rechts)

100 g Butter	geschmeidig rühren
200 g Zucker	
2 Eier, Salz geriebene Muskatnuß 1 Teel. gemahlenen Zimt	
3 Eßl. Rum	nach und nach unterrühren
400 g Weizenmehl	mit
3 g (1 gestr. Teel.) Backpulver	mischen, sieben, unterrühren
200 g Apfelmus	mit
100 g gehackten Haselnußkernen	
150 g verlesenen Rosinen	unter den Teig heben den Teig in eine gefettete Kranzform füllen
Strom:	Etwa 175, **Gas:** Etwa 3
Backzeit:	50−60 Minuten.

Die südwestdeutsche Küche

Springerle (Foto)

2 Eier	schaumig schlagen
200 g Puder-zucker	sieben, nach und nach mit
1 Päckchen Vanille-Zucker	hinzugeben, so lange schlagen, bis eine dicke, cremeartige Masse entstanden ist
225 g Weizen-mehl	mit
1 Messerspitze Backpulver	mischen, sieben, so viel davon unter die Masse rühren, daß ein fester Brei entsteht, den Rest des Mehls auf die Tischplatte sieben, den Brei darauf geben, mit Mehl bedecken, mit den Händen zu einem glatten Teig verkneten, sollte er kleben, noch bis zu
50 g Weizen-mehl	hineinkneten den Teig etwa 1 cm dick ausrollen, Rechtecke in der Größe des Backmodels herausschneiden, sie mit
Weizenmehl	bestäuben, in den bemehlten Model drücken, sie dann abheben, in die aufgeprägten Rechtecke zerschneiden, die Springerle auf ein gefettetes, mit
Anissamen	bestreutes Backblech legen, in einem mäßig warmen Raum etwa 24 Stunden trocknen lassen Backbleche in den vorgeheizten Backofen schieben
Strom:	125–150, **Gas:** 1–2
Backzeit:	Etwa 30 Minuten da die Oberfläche des Gebäcks weiß bleiben soll, nach dem Aufgehen, sobald sich ein kleiner Sockel gebildet hat, ein kaltes Backblech oben in den Backofen schieben, die Springerle nach dem Backen einige Tage offen (nicht in einer Dose) an der Luft stehenlassen, damit sie weich werden, sie erst dann gut verschlossen aufbewahren.

Schwarzwälder Kirschtorte
(Foto S. 136/137)

	Für den Knetteig
125 g Weizen-mehl	mit
10 g Kakao	
1 Messerspitze Backpulver	mischen, auf die Tischplatte sieben, in die Mitte eine Vertiefung eindrücken
50 g Zucker **1 Päckchen Vanille-Zucker**	hineingeben
100 g Butter	in Stücke schneiden, auf den Zucker geben, mit Mehl bedecken, von der Mitte aus alles zu einem glatten Teig verkneten den Teig auf dem gefetteten Boden einer Springform (Durchmesser etwa 28 cm) ausrollen, mehrmals mit einer Gabel einstechen, den Springformrand darum geben, schließen, die Form in den vorgeheizten Backofen schieben
Strom:	200–225, **Gas:** 3–4
Backzeit:	Etwa 15 Minuten für den Biskuitteig
4 Eigelb	mit
2 Eßl. warmem Wasser	schaumig schlagen, 2/3 von
100 g Zucker **1 Päckchen Vanille-Zucker**	nach und nach hinzugeben, zu einer cremigen Masse schlagen
1 Msp. gemahlenem Zimt	unterrühren
4 Eiweiß	steif schlagen, nach und nach den Rest des Zuckers unterschlagen, den Schnee auf die Eigelbcreme geben
75 g Weizen-mehl	mit
30 g Speisestärke **10 g Kakao** **1 1/2 g Backpulver**	mischen, darüber sieben, unter

Fortsetzung S. 136

die Eigelbcreme ziehen, den Teig in eine Springform (Durchmesser etwa 28 cm, Boden gefettet, mit Pergamentpapier belegt) füllen

Strom: 175–200 (vorgeheizt)
Gas: 3–4 (nicht vorgeheizt)
Backzeit: 25–30 Minuten
Tortenboden auskühlen lassen für die Füllung

750 g Sauer-kirschen waschen, entstielen, entsteinen
75 g Zucker untermischen, kurze Zeit zum Saftziehen stehenlassen, eben zum Kochen bringen, abtropfen und erkalten lassen 250 ml (1/4 l) Saft abmessen

40 g Speise-stärke mit 4 Eßl. von dem Saft anrühren, den übrigen Kirschsaft zum Kochen bringen, die Speisestärke unter Rühren in den von der Kochstelle genommenen Kirschsaft geben, kurz aufkochen lassen, die Kirschen unterrühren, kalt stellen, mit

Kirschwasser abschmecken
750 ml (3/4 l)
Schlagsahne 1/2 Minute schlagen
40 g Puder-zucker sieben, mit
1 Päckchen Vanille-Zucker mischen, einstreuen, die Sahne steif schlagen
zunächst die Hälfte der Kirschcreme, dann 1/3 der Sahne auf den Knetteigboden streichen den Biskuitboden einmal durchschneiden, den unteren Boden auf die Sahne legen, gut andrücken, mit der übrigen Kirschcreme, dann mit der Hälfte der übrigen Sahne bestreichen, mit dem oberen Boden bedecken den Rand und die obere Seite gleichmäßig mit der restlichen Sahne bestreichen, die Torte mit

geschabter Schokolade Schlagsahne Kirschen verzieren.

Die bayerische Küche — vom Frankenland bis zum Allgäu

Semmelklößchen-Suppe

250 g zerkleinerte Rindfleischknochen

250 g Rindfleisch beide Zutaten unter fließendem kalten Wasser abspülen, in

1¹/₂ l kaltes Salzwasser geben, zum Kochen bringen, abschäumen

1 Bund Suppengrün putzen, waschen, kleinschneiden, hinzufügen, zum Kochen bringen, das Fleisch gar kochen lassen, die Brühe durch ein Sieb gießen, mit Salz,

Suppenwürze abschmecken

Kochzeit: 2¹/₂−3 Stunden

für die Semmelklößchen

2 Semmeln (vom Vortag) in sehr feine Scheiben schneiden, mit

etwas heißer Fleischbrühe beträufeln

1 Eßl. Butter geschmeidig rühren, mit den eingeweichten Semmelscheiben,

1−2 Eiern
1 Eßl. feingehackter Petersilie
Salz
geriebener Muskatnuß vermengen
aus der Masse mit nassen Händen Klößchen formen, in die kochende Rindfleischbrühe geben, gar ziehen lassen (Flüssigkeit muß sich leicht bewegen)

Garzeit: Etwa 5 Minuten.

Krautsalat, bayerisch

Von

500 g Weißkohl die groben äußeren Blätter entfernen, den Kohl in Hälften oder Viertel schneiden, den Strunk herausschneiden, den Kohl waschen, fein schneiden

1 Eßl. Speiseöl erhitzen, den Kohl kurze Zeit darin andünsten

etwas Salzwasser hinzugießen, halbweich dünsten, abtropfen lassen

150 g durchwachsenen Speck in Würfel schneiden, auslassen, mit dem Kohl vermengen
für die Salatsoße

1 Zwiebel abziehen, fein würfeln, mit
1 Eßl. Salatöl
2 Eßl. Essig verrühren, mit
Salz, Zucker
Pfeffer würzen
den noch warmen Weißkohl mit der Soße vermengen
den Salat gut durchziehen lassen

Dünstzeit: 5−10 Minuten.

Bayerischer Wurstsalat (Foto)

300 g Fleischwurst enthäuten
1 Gewürzgurke
beide Zutaten in Scheiben, dann in Streifen schneiden

1 Apfel schälen, vierteln, entkernen
3−4 gekochte Möhren
beide Zutaten würfeln

2−3 Zwiebeln abziehen, in Scheiben schneiden, in Ringe teilen
für die Salatsoße

4 Eßl. Salatöl mit
3 Eßl. Essig verrühren, mit
Salz
Pfeffer würzen, mit den Salatzutaten vermengen, etwas durchziehen lassen
den Wurstsalat mit

feingeschnittenem Schnittlauch bestreut servieren.

Lauchgemüse (Foto)

250 g Speck **1 kg Lauch**	in Würfel schneiden, ausbraten putzen, waschen, in etwa 2 cm dicke Scheiben schneiden, evtl. nochmals waschen, zu dem Speck geben, kurz mitdünsten lassen
125 ml (¹/₈ l) Fleischbrühe	hinzugießen, das Gemüse im geschlossenen Topf etwa 15 Minuten dünsten lassen, mit
Salz **Pfeffer** **1−2 Eßl.** **Weizenmehl** **250 ml (¹/₄ l)** **Sahne**	würzen mit anrühren, zu dem Gemüse geben, unter Rühren einmal aufkochen lassen
1 Bund Petersilie	vorsichtig abspülen, trockentupfen, hacken, über das Gemüse streuen.

Wirsing, fränkisch

1 kg Wirsing	Von die schlechten äußeren Blätter entfernen, den Kohl vierteln, den Strunk herausschneiden, den Kohl waschen, in
1 l kochendes Salzwasser	geben, zum Kochen bringen, gar kochen, abtropfen lassen, den Wirsing in Streifen schneiden
1 Teel. Butter **125 ml (¹/₈ l) Sahne** **1 Messerspitze Fleischextrakt**	zerlassen unterrühren, den Wirsing hinzufügen, mit
Salz **Pfeffer**	würzen, unter vorsichtigem Rühren erhitzen, evtl. nochmals mit Salz, Pfeffer abschmecken
1 Eßl. feingeschnittenen Schnittlauch **Garzeit:**	unterrühren 12−15 Minuten.

Schwarzwurzeln in Sahne

1 kg Schwarzwurzeln	unter fließendem kalten Wasser gründlich bürsten, schrappen, waschen damit die Stangen weiß bleiben
1 l kaltes Wasser **2 gestrichenen Eßl. Weizenmehl** **2 Eßl. Essig**	mit verrühren, die Schwarzwurzeln einige Zeit hineinlegen, abtropfen lassen, in Stücke schneiden
375 ml (³/₈ l) Wasser **1 Teel. Salz** **2 Eßl. Essig**	mit zum Kochen bringen, die Schwarzwurzeln hineingeben, zum Kochen bringen, gar kochen lassen die Schwarzwurzeln in eine vorgewärmte Schüssel geben, warm stellen von dem Kochwasser 375 ml (³/₈ l) abmessen

für die Sahne-Soße

30 g Butter oder Margarine zerlassen

35 g Weizen-mehl unter Rühren so lange darin erhitzen, bis es hellgelb ist

375 ml (³/₈ l) Kochwasser von den Schwarz-wurzeln
125 ml (¹/₈ l) Sahne hinzugießen, mit einem Schnee-besen durchschlagen, darauf achten, daß keine Klumpen ent-stehen, die Soße zum Kochen bringen, etwa 5 Minuten kochen lassen

1 Eigelb mit
2 Eßl. kaltem Wasser verschlagen, die Soße damit ab-ziehen (nicht mehr kochen lassen), evtl. mit Salz,

frisch gemah-lenem weißen Pfeffer abschmecken

1—2 Eßl. fein-gehackte glatte Petersilie unterrühren
die Schwarzwurzeln in der Soße anrichten

Kochzeit für die Schwarz-wurzeln: 15—20 Minuten
für die Soße: Etwa 5 Minuten.
Beilage: Salzkartoffeln, gekochter Schinken.

Gefüllte Zwiebeln (Foto)

8 Gemüse-zwiebeln abziehen, in
500 ml (¹/₂ l) kochende Fleischbrühe geben, zum Kochen bringen, etwa 20 Minuten kochen lassen, die Zwiebeln mit einer Schaumkelle herausnehmen, abkühlen lassen, einen Deckel abschneiden, die

Zwiebeln bis auf 3—4 Schichten aushöhlen, innen mit

Salz, Pfeffer würzen
500 g Brat-wurstbrät mit
3—4 Eßl. ge-hackter Peter-silie vermengen, die Zwiebeln damit füllen, die Deckel aufsetzen
die Zwiebeln in eine gefettete feuerfeste Form setzen

etwas Fleischbrühe hinzugießen, die Form zugedeckt auf dem Rost in den vorgeheizten Backofen schieben
Strom: Etwa 175
Gas: Etwa 3
Bratzeit: Etwa 40 Minuten
100 g durch-wachsenen Speck in Würfel schneiden, ausbraten
4 Eßl. Bier hinzugießen, über die garen Zwiebeln geben.

143

Seerenken

4 Seerenken oder See- forellen	mit einem scharfen Küchenmesser an der Bauchseite aufschlitzen, ausnehmen, unter fließendem kalten Wasser gründlich abspülen, mit dem Daumennagel den schwarzen Streifen am Rückgrat herausschälen, die Seerenken innen mit
Salz	bestreuen, nach Belieben rund binden (einen starken Faden mit einer Nadel durch Kopf und Schwanz ziehen und die Fadenenden verknoten) die Seerenken mit dem Kopf zuerst in so viel
kochende Flüssigkeit (auf 1 l Wasser 4 Eßl. Weißwein 5 Eßl. Essig 3 gehäufte Teel. Salz)	geben, daß sie bedeckt sind, zum Kochen bringen, den Topf von der Kochstelle nehmen, die Seerenken gar ziehen lassen (der Fisch ist gar, wenn sich Kiemen und Flossen leicht herausziehen lassen)
Garzeit:	Etwa 20 Minuten.

Wels im Wurzelsud (Foto)

1 küchen- fertigen Wels oder Kabeljau (etwa 1 kg)	unter fließendem kalten Wasser abspülen, trockentupfen, mit
Zitronensaft	beträufeln, etwa 15 Minuten stehenlassen, trockentupfen, innen und außen mit
Salz	bestreuen
1 Zwiebel	für den Wurzelsud abziehen, in dünne Scheiben schneiden

1 Stange Porree	putzen, waschen, in dünne Ringe schneiden, evtl. nochmals waschen
1 Möhre	putzen, schrappen
1 Stück Sellerie	schälen beide Zutaten waschen, in feine Stifte schneiden
2 Eßl. Butter	zerlassen, die Zwiebelscheiben darin andünsten, das Gemüse hinzufügen, mitdünsten lassen
1 l Wasser 250 ml (¹/₄ l) Weißwein	hinzugießen, mit
Salz	würzen
5 Wacholder- beeren ¹/₄ Teel. Pfefferkörner	beide Zutaten zerdrücken, mit
2 Lorbeer- blättern	in einem Mullbeutelchen in den Wurzelsud geben, zum Kochen bringen, etwa 10 Minuten kochen lassen den Fisch in den Sud geben, zum kochen bringen, in 10–15 Minuten darin gar ziehen lassen, herausnehmen, auf einer vorgewärmten Platte anrichten den Mullbeutel aus dem Sud nehmen, die Flüssigkeit etwas einkochen lassen
1 Bund Dill 1 Bund glatte Petersilie 1 Stengel Estragon	die Kräuter vorsichtig abspülen, abtropfen lassen, die Blättchen von den Stielen zupfen, fein hacken, in den Wurzelsud geben den Sud zu dem Fisch reichen
Garzeit:	Etwa 30 Minuten.
Beilage:	Petersilienkartoffeln, zerlassene Butter, Grüner Salat.

144

Bayerische Kalbshaxe (Foto)

1 Kalbshaxe (1 1/2—2 kg)	unter fließendem kalten Wasser abspülen, trockentupfen, mit
Salz frisch gemahlenem weißen Pfeffer	einreiben, mit
125 ml (1/8 l) Wasser	in einen Bratentopf geben, zugedeckt auf dem Rost in den vorgeheizten Backofen schieben verdampfte Flüssigkeit nach und nach ersetzen
250 g Möhren	putzen, schrappen, waschen, in Scheiben schneiden, etwa 30 Minuten vor Beendigung der Schmorzeit zu dem Fleisch geben, mitschmoren lassen das gare Fleisch vom Knochen lösen, in Scheiben schneiden, auf einer vorgewärmten Platte anrichten, warm stellen den Bratensatz mit Wasser loskochen, evtl. mit Wasser auffüllen, auf der Kochstelle zum Kochen bringen
2 Teel. Speisestärke 1 Eßl. kaltem Wasser	mit anrühren, den Bratensatz damit binden, die Soße mit Salz, Pfeffer abschmecken
Strom:	225—250
Gas:	3—4
Schmorzeit:	2—2 1/4 Stunden.
Beilage:	Bayerisch Kraut, Semmelknödel.

Semmelknödel

8 Semmeln (vom Vortag)	in knapp 2 mm dicke Blättchen schneiden
125 g durchwachsenen Speck	in Würfel schneiden, auslassen
1 Zwiebel	abziehen, würfeln, in dem Speck goldgelb dünsten lassen die Speck-Zwiebel-Masse mit
250 ml (1/4 l) kochendheißer Milch	über die Semmelblättchen geben, etwa 1 Stunde durchziehen lassen
2—3 Eier	verschlagen, mit
Salz Pfeffer geriebener Muskatnuß	würzen
3 g (1 gestrichener Teel.) Backpulver 1 Eßl. gehackte Petersilie	unterrühren, mit der Semmelmasse verrühren aus der Masse mit nassen Händen Klöße formen, in
kochendes Salzwasser	geben, zum Kochen bringen, gar ziehen lassen (Wasser muß sich leicht bewegen)
Garzeit:	Etwa 15 Minuten.

Rinderbraten Fuhrmanns Art (Foto)

1½ kg Rinderbraten	unter fließendem kalten Wasser abspülen, trockentupfen, in die Längsseite eine Tasche einschneiden
	für die Füllung
2 Semmeln	in kaltem Wasser einweichen
2 Zwiebeln	abziehen, fein würfeln
1 Bund Petersilie	vorsichtig abspülen, trockentupfen, hacken
250 g Bratwurstbrät	mit den gut ausgedrückten Brötchen, den Zwiebelwürfeln, der Petersilie,
2 Eiern	vermengen, die Füllung in das Fleisch geben, den Braten mit Küchengarn zunähen
80 g Butterschmalz	zerlassen, das Fleisch darin von allen Seiten knusprig anbraten
1 Zwiebel	abziehen, würfeln
1 Bund Suppengrün	waschen, kleinschneiden die beiden Zutaten zu dem Fleisch geben
250 ml (¼ l) Weißwein	
250 ml (¼ l) Fleischbrühe	hinzugießen den Braten in den vorgeheizten Backofen schieben, ab und zu mit dem Bratensatz begießen den garen Braten vom Küchengarn befreien, das Fleisch in Scheiben schneiden, warm stellen
40 g Tomatenmark	
250 ml (¼ l) Sahne	unter den Bratensatz rühren
2 Eßl. Weizenmehl	mit
3 Eßl. Wasser	verrühren, den Bratensatz damit binden, mit
Salz, Pfeffer	würzen die Soße zu dem Fleisch reichen
Strom:	Etwa 225
Gas:	Etwa 4
Backzeit:	Etwa 1½ Stunden.

Bayerisch Kraut

1 Kopf Weißkohl	von den welken äußeren Blättern befreien, den Kopf vierteln, den Strunk herausschneiden, den Kohl waschen, in feine Streifen schneiden
1 Zwiebel	abziehen, fein würfeln
40 g Butter	zerlassen, die Zwiebel darin andünsten, mit
1 Eßl. Zucker	bestreuen, bräunen lassen
1 Apfel	schälen, vierteln, entkernen, in Scheiben schneiden, zu den Zwiebeln geben, mitdünsten lassen, die Apfelscheiben herausnehmen, zurücklassen den Weißkohl mit
500 ml (½ l) heißer Fleischbrühe	zu den Zwiebelwürfeln geben, zum Kochen bringen, den Kohl in etwa 45 Minuten gar dünsten lassen, die Apfelscheiben wieder zu dem Kohl geben
2 Eßl. Essig	unterrühren, den Kohl mit
Salz, Pfeffer	abschmecken
Dünstzeit:	45 – 50 Minuten.

Wendelsteiner Kochfleischplatte

Etwa 500 g Rindfleisch (ohne Knochen) 1 küchenfertiges Suppenhuhn 8 Rindermarkknochen

die Zutaten unter fließendem kalten Wasser abspülen

$2^1/_2$–3 l Wasser mit
500 ml ($^1/_2$ l) Weißwein
2 Teel. Salz zum Kochen bringen, Rindfleisch, Huhn und Markknochen hineingeben, zum Kochen bringen, abschäumen

1 große Zwiebel abziehen, halbieren
1 Eßl. Margarine zerlassen, die Zwiebelhälften darin andünsten

2 Lorbeerblätter mit
1 Teel. zerdrückten Wacholderbeeren
1 Teel. zerdrückten weißen Pfefferkörnern in einen Mullbeutel geben, mit den Zwiebelhälften in die Brühe geben, alles etwa 1 Stunde kochen lassen, zwischendurch abschäumen

1 küchenfertige Schweinezunge unter fließendem kalten Wasser abspülen, in die Brühe geben, zum Kochen bringen, weitere $1^1/_2$ Stunden kochen lassen verdampfte Flüssigkeit durch Wasser ersetzen
8 Möhren putzen, schrappen, waschen, längs halbieren

Fortsetzung S. 150

8 Stangen Porree	putzen, längs halbieren, gründlich waschen
	das Gemüse 15 Minuten vor Beendigung der Kochzeit in die Brühe geben, zum Kochen bringen, gar kochen lassen
	Rindfleisch, Huhn und Schweinezunge aus der Brühe nehmen
	das Rindfleisch in Scheiben schneiden, das Huhn von den Knochen befreien, in Portionsstücke schneiden, die Zunge kalt abspülen, die Haut abziehen, das Fleisch in Scheiben schneiden
	Markknochen, Zwiebeln und den Mullbeutel aus der Brühe entfernen
4 Weißwürste 4 Regensburger Würste	
	beide Zutaten unter fließendem kalten Wasser abspülen, mit dem Fleisch in die Brühe geben, kurz erhitzen, das Fleisch und die Hälfte des Gemüses auf einer vorgewärmten Platte anrichten, mit
3 Eßl. gehackter Petersilie 3 Eßl. feingeschnittenem Schnittlauch	bestreuen
	die Brühe mit dem restlichen Gemüse in Suppentassen füllen, mit
gehackter Petersilie feingeschnittenem Schnittlauch	bestreuen, nach Belieben zu dem Fleisch reichen
Garzeit:	Etwa 2³/₄ Stunden.
Beigabe:	Bauernbrot, Rote Bete-Salat, Meerrettich (aus dem Glas), verschiedene Senfsorten, Remouladensoße.

Pökelnacken auf Sauerkraut
(Foto)

1 kg Pökelnacken	unter fließendem kalten Wasser abspülen, trockentupfen
750 g Sauerkraut	lockerzupfen
1 mittelgroße Zwiebel	abziehen, mit
einigen Nelken	spicken
	das Sauerkraut mit der Zwiebel,
2–3 Lorbeerblättern 10 Wacholderbeeren 2 Pimentkörnern	in den gewässerten Tontopf geben den Pökelnacken darauf legen
250 ml (¹/₄ l) Wasser	hinzugießen
	den Tontopf mit dem Deckel verschließen, auf dem Rost in den vorgeheizten Backofen schieben
Strom:	200–225
Gas:	4–5
Garzeit:	Etwa 1¹/₄ Stunden
	das gare Fleisch herausnehmen, das Sauerkraut evtl. mit
Salz, Pfeffer Zucker	abschmecken
	Fleisch in Scheiben schneiden, auf dem Sauerkraut anrichten.

Obatzer

75 g weiche Butter	geschmeidig rühren
250 g reifen Camembert	mit einer Gabel zerdrücken, unter die Butter rühren
1 kleine Zwiebel	abziehen, in Würfel schneiden
1 Teel. Senf	
	beide Zutaten unter die Camembertmasse rühren, mit
Salz, Pfeffer Paprika edelsüß	abschmecken.

Saure Zipfel

5 Zwiebeln	abziehen, halbieren, in Scheiben schneiden, mit
1 l Wasser **5 Pfefferkörnern** **2 Pimentkörnern** **10 Senfkörnern** **Salz, Zucker** **3—4 Eßl. Essig**	zum Kochen bringen
20—25 Nürnberger Bratwürstchen	hineingeben, fast bis zum Kochen bringen (dürfen nicht kochen), gar ziehen lassen, in dem Zwiebelsud anrichten
Kochzeit für die Zwiebeln:	5—7 Minuten
Garzeit für die Würstchen:	Etwa 15 Minuten.
Beigabe:	Weißbrot und Laugenbrezel.

Fränkischer Schmorbraten

1 kg Rindfleisch	unter fließendem kalten Wasser abspülen, trockentupfen
1 Bund Suppengrün	putzen, waschen
1 Zwiebel	abziehen
1 Tomate	waschen
	die drei Zutaten kleinschneiden
Pflanzenfett	erhitzen, das Fleisch gut darin anbraten, mit
Salz, Pfeffer	bestreuen, Suppengrün, Zwiebel-, Tomatenstücke hinzufügen, kurz miterhitzen, etwas
heißes Wasser	hinzugießen, das Fleisch schmoren lassen, von Zeit zu Zeit wenden, verdampfte Flüssigkeit nach und nach ersetzen, das gare Fleisch in Scheiben schneiden den Bratensatz durch ein Sieb streichen, entfetten
2—3 Eßl. Sahne	unterrühren
Schmorzeit:	Etwa 2¹/₂ Stunden.

Schweinebraten mit Kruste (Foto)

1 kg Schweinefleisch mit Schwarte	unter fließendem kalten Wasser abspülen, trockentupfen, die Schwarte gitterartig einschneiden, das Fleisch mit
Salz, Pfeffer gehackter Petersilie gerebeltem Thymian gerebeltem Salbei gerebeltem Rosmarin	einreiben, mit der Schwarte nach oben in einen mit Wasser ausgespülten Bratentopf legen, auf dem Rost in den vorgeheizten Backofen schieben sobald der Bratensatz bräunt, etwas von
250 ml (¹/₄ l) Bier **250 ml (¹/₄ l) Wasser**	hinzugießen, das Fleisch ab und zu mit dem Bratensatz begießen, verdampfte Flüssigkeit nach und nach ersetzen das gare Fleisch in Scheiben schneiden, auf einer vorgewärmten Platte anrichten, warm stellen den Bratensatz mit Wasser loskochen, durch ein Sieb gießen, nach Belieben mit Wasser auf 500 ml (¹/₂ l) auffüllen
2 Eßl. Weizenmehl	mit
3 Eßl. kaltem Wasser	anrühren, den aufgefüllten Bratensatz damit binden, die Soße mit Salz, Pfeffer abschmecken
Strom:	175—200
Gas:	3—4
Bratzeit:	1³/₄—2 Stunden.
Tip:	Die Kräuter mit süßem Senf verrühren, auf das Fleisch streichen.

Pichelsteiner Topf (Foto)

200 g Hammel-fleisch	
200 g Schweine-fleisch	
	das Fleisch unter fließendem kalten Wasser abspülen, trok-kentupfen, in nicht zu kleine Würfel schneiden
2 Eßl. Butter oder Margarine	zerlassen, die Fleischwürfel unter Wenden schwach darin bräunen lassen, mit
Salz	
Pfeffer	würzen
250 g Möhren	putzen, schrappen
200 g Sellerie	schälen
500 g Kartoffeln	schälen
	die drei Zutaten waschen, kleinschneiden
250 g Porree	putzen, waschen, in Scheiben schneiden, evtl. nochmals waschen
250 g Wirsing (vorbereitet gewogen)	waschen, kleinschneiden
2 mittelgroße Zwiebeln	abziehen, fein würfeln
2 Mark-knochen	unter fließendem kalten Wasser abspülen, das Mark mit einem Messer herauslösen, kurze Zeit in kaltes Wasser legen, trockentupfen, in Scheiben schneiden, in einem großen Topf auslassen die Zwiebelwürfel darin an-dünsten Fleisch, Gemüse und Kartoffeln,
500 ml (1/2 l) Instant-Fleischbrühe	hinzufügen, gar schmoren lassen den Eintopf mit
gehackter Petersilie	bestreuen
Schmorzeit:	Etwa 1 Stunde.

Rosenheimer Gemüsetopf

300 g Rind-fleisch	
300 g Schweine-fleisch	
100 g Rinder-mark	unter fließendem kalten Wasser abspülen, trockentupfen, das Fleisch in Würfel, das Rindermark in Scheiben schneiden
350 g Möhren	putzen, schrappen, waschen, in Scheiben schneiden
350 g Kartoffeln	schälen
350 g Porree	putzen, schälen beide Zutaten waschen, klein-schneiden
2 Zwiebeln	abziehen, würfeln
2 Eßl. Schmalz	zerlassen, die Fleischwürfel darin anbraten
250 ml (1/4 l) Fleischbrühe	hinzugießen, das Fleisch etwa 15 Minuten schmoren lassen, die Zwiebelwürfel hinzufügen, etwa 10 Minuten mitdünsten lassen die Rindermarkscheiben in einen großen Kochtopf geben, erhitzen, bis das Mark zerlassen ist Fleisch, Gemüse und Kartoffeln abwechselnd einschichten (letzte Schicht soll aus Kartoffeln be-stehen), jede Schicht mit
Salz	
Pfeffer	
gerebeltem Majoran	
Kümmel	bestreuen
750 ml (3/4 l) Fleischbrühe	hinzugießen den Gemüsetopf zum Kochen bringen, etwa 30 Minuten kochen lassen, nach Belieben 10 Minuten vor Beendigung der Garzeit
125 ml (1/8 l) Weißwein	hinzugießen, mit Salz, Pfeffer, Kümmel abschmecken, mit
gehackter Petersilie	bestreuen
Garzeit:	Etwa 1 Stunde.

Gefüllte Speckknödel

750 g mehlig-kochende Kartoffeln waschen, in soviel Wasser zum Kochen bringen, daß die Kartoffeln bedeckt sind, gar kochen lassen, abgießen, abdämpfen, pellen, abkühlen lassen, durch die Kartoffelpresse geben

125 g Weizenmehl
1 Ei
1–2 Eßl. gehackte Petersilie unterrühren, den Teig mit
Salz
frisch gemahlenem weißen Pfeffer
Paprika edelsüß würzen
100 g durchwachsenen Speck in kleine Würfel schneiden, mit
1–2 Eßl. gehackter Petersilie vermengen

aus dem Kartoffelteig mit bemehlten Händen 8–10 Knödel formen, in die Mitte jedes Knödels ein Loch drücken, jeweils 1 Teel. Speckwürfel hineingeben, das Loch zudrücken, Knödel nochmals rund formen, in

Salzwasser geben, zum Kochen bringen, gar ziehen lassen (Wasser muß sich leicht bewegen)

Kochzeit für die Kartoffeln: 25–30 Minuten
Garzeit für die Knödel: 15–20 Minuten.
Tip: Gefüllte Speckknödel mit grünem Salat und Sahnesoße zu Schweinebraten reichen.

Leberknödel

400 g (etwa 10) Semmeln (vom Vortag)	in knapp 2 mm dicke Blättchen schneiden, mit
500 ml (¹/₂ l) kochendheißer Milch	übergießen, etwa 1 Stunde quellen lassen
250 g Kalbs- oder Rinderleber	unter fließendem kalten Wasser abspülen, trockentupfen, von der feinen Haut befreien, evtl. Sehnen und Röhren entfernen
1 mittelgroße Zwiebel	abziehen beide Zutaten grob zerkleinern, durch den Fleischwolf drehen, mit
1 Eßl. gehackter Petersilie 2 Eiern 3 g (1 gestrichener Teel.) Backpulver	unter die Semmelmasse rühren die Masse mit
Salz Pfeffer gerebeltem Majoran abgeriebener Zitronenschale (unbehandelt)	abschmecken, mit nassen Händen Klöße daraus formen, in
kochendes Salzwasser	geben, zum Kochen bringen, gar ziehen lassen (Wasser muß sich leicht bewegen)
Garzeit:	Etwa 20 Minuten.
Beilage:	Salzkartoffeln.

Serviettenknödel (Foto)

300 g Toastbrot (mit Roggenmehl) 1–2 Eßl. Butterschmalz	in kleine Würfel schneiden erhitzen, die Toastbrotwürfel darin goldgelb rösten, abkühlen lassen
300 g Weizenmehl 3 Eier Salz 250 ml (¹/₄ l) Milch	in eine Schüssel sieben hinzufügen, gut durchschlagen, bis der Teig Blasen wirft und geschmeidig ist, die gerösteten Toastbrotwürfel unterrühren ein Geschirrtuch oder eine große Serviette anfeuchten die Knödelmasse zu einem runden Laib formen, auf das untere Drittel des Tuches geben, zusammenrollen, die beiden Tuch-(Servietten-)enden fest zubinden, die Rolle in reichlich
kochendes Salzwasser	geben, den Topf mit einem Deckel verschließen, den Serviettenknödel gar ziehen lassen (Wasser muß sich leicht bewegen) den garen Serviettenknödel aus dem Geschirrtuch (Servietten) wickeln, mit Hilfe eines gekreuzten Zwirnfadens in Scheiben schneiden die Serviettenknödel nach Belieben mit
zerlassener gebräunter Butter Garzeit:	begießen Etwa 1 Stunde. Serviettenknödel als Beilage zu Sauerbraten, Schweinebraten, Geflügel (Ente, Gans) oder Gulasch reichen.

Marillenknödel

80 g weiche Butter	geschmeidig rühren
250 g Speisequark	
4 Eigelb, Salz	
500 g gesiebtes Weizenmehl	
1 Becher (150 g) saure Sahne	unterrühren, zu einem Teig verkneten, den Teig ausrollen, in 7 x 7 cm große Quadrate schneiden, jedes Teigstück mit bemehlten Händen etwas flach drücken
1 kg Aprikosen (Marillen)	waschen, abtrocknen, den Kern vorsichtig herauslösen
Würfelzucker	in jede Aprikose drücken 1 Aprikose auf jedes Teigstück legen, die gefüllten Teigstücke zu Knödeln formen, in
kochendes Salzwasser	geben, zum Kochen bringen, gar ziehen lassen (Wasser muß sich leicht bewegen) die Knödel mit einem Schaumlöffel herausnehmen, abtropfen lassen
Kochzeit:	Etwa 7 Minuten.
Tip:	Vanillesoße schmeckt besonders gut zu Marillenknödeln.

Erdbeercreme

250 ml (¹/₄ l) Schlagsahne	sehr steif schlagen
200 g Erdbeeren	waschen, gut abtropfen lassen, entstielen, pürieren, mit
2 Eßl. Zucker	
Saft von ¹/₂ Orange	
1 Eßl. Preiselbeeren	vorsichtig unter die Schlagsahne rühren, mit
Weinbrand	abschmecken.

Zwetschenknödel (Foto)

Gut 1¹/₂ kg Pellkartoffeln	noch heiß pellen, durch eine Kartoffelpresse geben, bis zum nächsten Tag kalt stellen 1 kg von den durchgepreßten Kartoffeln abwiegen, durch ein Sieb streichen, nach und nach
2 Eier, Salz	
60 g Grieß	
80 g Weizenmehl	hinzufügen, zu einem glatten Teig verkneten aus dem Teig mit bemehlten Händen runde Klöße formen
16—20 Zwetschen	waschen, entsteinen, je 1 Zwetsche in jeden Kloß drücken die Klöße in
kochendes Salzwasser	geben, zum Kochen bringen, gar ziehen lassen, die Knödel in
Zwiebackkrumen	wälzen, sofort servieren
Garzeit für die Klöße:	10—15 Minuten.
Beigabe:	Gebräunte Butter, Zucker, Zimt.

Rohrnudeln

20 g Hefe	zerbröckeln, mit
50 g Zucker	
1 Päckchen	
Vanille-Zucker	und 8 Eßl. von
150 ml lau-	
warmer Milch	anrühren
350 g Weizen-	
mehl	in eine Rührschüssel sieben, in die die Mitte eine Vertiefung eindrücken, die aufgelöste Hefe hineingeben, sie etwa $1/2$ cm dick mit
Weizenmehl	bestreuen
50 g zer-	
lassene, lau-	
warme Butter	an den Rand des Mehls geben, sobald das auf die Hefe gestreute Mehl stark rissig wird,
1 Ei	hinzufügen von der Mitte aus alle Zutaten mit einem elektrischen Handrührgerät mit Knethaken zuerst auf der niedrigsten, dann auf der höchsten Stufe in etwa 5 Minuten zu einem glatten Teig verarbeiten den Teig an einem warmen Ort so lange stehenlassen, bis er etwa doppelt so hoch ist, ihn dann gut durchkneten, zu einer Rolle formen, in 8 gleichmäßige Stücke schneiden, zu Klößen formen
250 ml ($^1/_4$ l) Milch	mit
1 Eßl. Butter	in einen Brattopf geben die Klöße nebeneinander — nicht zu dicht — in die Milch setzen die Dampfnudeln an einem warmen Ort so lange stehenlassen, bis sie etwa doppelt so hoch sind den Topf auf dem Rost in den Backofen stellen
Strom:	175–200, **Gas:** 3–4
Backzeit:	Etwa 30 Minuten.
Beigabe:	Zerlassene, gebräunte Butter, gedünstetes Obst oder Pflaumen-Kompott.

Quark-Schmarren (Foto)

2 Packungen (je 200 g) Speisequark	mit
3 Eigelb	
4 Eßl. gesiebtem Weizenmehl	
$^1/_2$ Teel. Salz	gut verrühren
3 Eiweiß	steif schlagen, unterheben
2 Eßl. Butter	zerlassen, die Quark-Masse jeweils 1 cm dick hineingeben, von beiden Seiten goldgelb backen den Eierkuchen dann mit 2 Gabeln in kleine Stücke zerreißen, diese unter Wenden gut bräunen, evtl. noch etwas
Butter	hinzufügen den Quark-Schmarren mit
gesiebtem Puderzucker	bestäuben, sofort servieren.
Beigabe:	Zwetschen-Kompott.

Honigkuchen

250 g Honig	*mit*
100 g Butter	*langsam erwärmen, zerlassen, in eine Rührschüssel geben, kalt stellen, unter die fast er- kaltete Masse*
10 g Kakao **2 gestrichene Teel. gemah- lenen Zimt** **2 gestrichene Teel. ge- mahlenen Ingwer** **1¹/₂ Teel. gemahlene Nelken** **Salz**	*rühren*
50 g ge- stoßenen braunen Kandiszucker **50 g feinge- würfeltes Zitronat** **2 Eier** **2 Eßl. Wein- brand** **einige Tropfen Backöl** **Zitrone**	*hinzugeben*
200 g Weizen- mehl **6 g (2 ge- strichene Teel.) Back- pulver**	*mischen, sieben eßlöffelweise unterrühren den Teig in eine mit Back-Trenn- papier ausgelegte, gefettete Kasten- oder Springform füllen*
Strom:	*175–200*
Gas:	*3–4*
Backzeit:	*Etwa 60 Minuten den Kuchen nach Belieben mit*
abgezogenen, halbierten Mandeln kandierten Kirschen	*verzieren.*

Die ostdeutsche Küche —
Traditionelles von Berlin
bis Ostdeutschland

Kürbis-Suppe *(Foto)*

650 g Kürbis	schälen, das Mark mit einem Löffel auskratzen, entkernen, den Kürbis in kleine Würfel schneiden
1 Zwiebel	abziehen, fein würfeln
2 Eßl. Butter oder Margarine	zerlassen, Kürbis- und Zwiebelwürfel darin andünsten
250 ml (¹/₄ l) Instant-Fleischbrühe	hinzugießen, zum Kochen bringen, zugedeckt etwa 10 Minuten kochen lassen, durch ein Sieb streichen, mit
Salz frisch gemahlenem schwarzen Pfeffer Zucker Essig	abschmecken
1 Eßl. feingehackte Kräuter (z.B. Petersilie, Schnittlauch)	unterrühren, nach Belieben
¹/₂ abgezogene, zerdrückte Knoblauchzehe	hinzufügen, die Suppe nochmals kurz erhitzen
Kochzeit:	Etwa 10 Minuten.
Beigabe:	Würstchen.

750 ml (³/₄ l) Rindfleischbrühe	
125 ml (¹/₈ l) Sahne	hinzugießen, zum Kochen bringen, gar kochen lassen
¹/₂ abgezogene, zerdrückte Knoblauchzehe	unterrühren, mit
Salz frisch gemahlenem Pfeffer Zucker	abschmecken
4 Scheiben Weißbrot	in kleine Würfel schneiden, in
2 Eßl. zerlassener Butter oder Margarine	unter ständigem Rühren goldbraun braten lassen, die Suppe in vorgewärmte Suppentassen geben, die gerösteten Brotwürfel darauf verteilen, sofort servieren
Kochzeit:	Etwa 30 Minuten.
Beigabe:	Bauernbrot.

Sauerkraut-Suppe

1 mittelgroße Zwiebel	abziehen, fein würfeln
2 Eßl. Butter oder Margarine	zerlassen, die Zwiebelwürfel darin andünsten
125 g frisches Sauerkraut	waschen, abtropfen lassen, gut auspressen, zu der Zwiebel geben, mitdünsten lassen
200 ml (¹/₅ l) Weißwein	hinzufügen, zum Kochen bringen, nach und nach

Rote Bete-Cremesuppe *(Foto)*

375 g Rote Bete	*schälen, waschen, in kleine Würfel schneiden*
750 ml (³/₄ l) Fleischbrühe	*zum Kochen bringen, Rote Bete-würfel,*
gerebelten Majoran	*hinzufügen, zum Kochen bringen, gar kochen lassen die Rote Bete mit dem Schneid-stab eines elektrischen Hand-rührgerätes oder im Mixer pü-rieren, mit*
2–3 Eßl. Essig Salz, Pfeffer	*würzen, erhitzen*
etwa 3 Eßl. Crème fraîche	*unterrühren*
gehackte Petersilie	*darüber streuen*
Kochzeit:	*Etwa 25 Minuten.*
Tip:	*Nach Belieben in Butter geröste-te Weißbrotwürfel vor dem Servieren in die Suppe geben.*

Bier-Suppe

1 l Weißbier (Pilsener oder auch Malzbier)	*mit*
75 g Zucker	*zum Kochen bringen, so lange rühren, bis der Zucker gelöst ist, den Topf von der Kochstelle nehmen*
4 Eigelb	*verschlagen eßlöffelweise unter ständigem Schlagen*
125 ml (¹/₈ l) saure Sahne	*hinzufügen, etwas heißes Bier unterrühren, die Eiersahne in das Bier rühren, mit*
¹/₂ Teel. gemah-lenem Zimt ¹/₄ Teel. Salz Pfeffer	*abschmecken die Suppe unter ständigem Rüh-*

ren so lange erhitzen (nicht kochen lassen), bis sie dicklich wird, in eine vorgewärmte Terrine oder in vorgewärmte Suppen-tassen geben, sofort servieren

Kochzeit:	*2–3 Minuten.*

Bouillon

300 g Markknochen 300 g Rindfleisch	*beide Zutaten unter fließendem kalten Wasser abspülen, in*
1¹/₂ l kaltes Salzwasser	*geben, zum Kochen bringen, ab-schäumen*
1 Bund Suppengrün	*putzen, waschen, kleinschneiden*
1 Zwiebel	*abziehen, mit dem Suppengrün,*
1 Lorbeer-blatt Pfefferkörnern	*hinzufügen, gar kochen lassen die Brühe durch ein Sieb gießen, mit Salz abschmecken*
Kochzeit:	*Etwa 2¹/₂ Stunden.*

Ostpreußische Piroggen

	Für den Teig
250 g Weizen-mehl	*in eine Rührschüssel sieben*
2—3 Eßl. kaltes Wasser	
125 g weiche Butter	
125 g weiche Margarine	*hinzufügen, alle Zutaten mit einem elektrischen Handrührge-rät mit Knethaken zuerst auf der niedrigsten, dann auf der höchsten Stufe so lange ver-kneten, bis ein zusammenhän-gender Teig entstanden ist den Teig mehrere Stunden kalt stellen*
	für die Füllung
100 g durch-wachsenen Speck	
100 g mildge-salzenen Schinken	*in kleine Würfel schneiden, mit*
100 g verlesenen Korinthen	*vermengen den Teig auf einer gut bemehlten Tischplatte zu einer Rolle for-men, in 16 gleichgroße Schei-ben schneiden, flachdrücken, jeweils 1 Eßl. der Füllung darauf geben die Ecken über der Füllung zu-sammenlegen, gut andrücken die Piroggen rund formen, mit der glatten Seite nach oben auf ein Backblech legen*
1 Eigelb	*mit*
1 Eßl. Milch	*verschlagen, die Teigstücke da-mit bestreichen das Backblech in den vorgeheiz-ten Backofen setzen*
Strom:	*175—200*
Gas:	*3—4*
Backzeit:	*Etwa 30 Minuten.*
Tip:	*Die Piroggen warm als Beigabe zu einer Bouillon reichen.*

168

Löffelerbsen *(großes Foto)*

375 g gelbe Erbsen (unge-schält) **2 l Wasser**	waschen, 12–24 Stunden in einweichen, in dem Einweich-wasser zum Kochen bringen
1 Teel. gerebelten Majoran **1 Lorbeerblatt**	hinzufügen, zugedeckt etwa 1½ Stunden kochen lassen
2 mittelgroße Zwiebeln	abziehen
3 Möhren	putzen, schrappen, waschen
3 Kartoffeln	schälen, waschen
1 Stange Porree	putzen, längs halbieren, gründ-lich waschen das Gemüse in etwa 2 cm große Würfel oder in dünne Streifen schneiden
1 Eßl. Butter oder Margarine	zerlassen, das Gemüse etwa 5 Minuten darin andünsten, mit
Salz	würzen etwa 30 Minuten vor Beendigung der Garzeit das gedünstete Ge-müse zu den Erbsen geben, mit-kochen lassen die Löffelerbsen (Lorbeerblatt entfernen) mit Salz abschmecken, mit
1 Eßl. ge-hackter glatter Petersilie	bestreut servieren
Kochzeit:	Etwa 2 Stunden.
Beilage:	Gekochter Speck, Brot oder Brötchen.

Geschmorte Gurken in Schmand

1 kg Gemüse-gurken	waschen, abtrocknen, halbieren, entkernen, in Würfel schneiden
2 Zwiebeln	abziehen, in Scheiben schneiden
60 g Butter oder Marga-rine	zerlassen, die Zwiebelscheiben darin andünsten, die Gurken-würfel,
125 ml (⅛ l) Wasser oder Instant-Fleischbrühe	hinzufügen, gar dünsten lassen nach Belieben
250 ml (¼ l) Schmand	mit
1 Eßl. Weizenmehl	verrühren, unter das Gemüse rühren, mit
Salz Pfeffer Zucker	würzen, mit
feinge-hackten Dill	bestreut servieren
Dünstzeit:	20–25 Minuten.
Beilage:	Dampfkartoffeln.

Erbspüree

375 g Erbsen **750 ml (³/₄ l)** **Wasser**	waschen, 12−24 Stunden in einweichen, in dem Einweichwasser zum Kochen bringen, gar kochen lassen
1 Bund **Suppengrün**	putzen, waschen, kleinschneiden, nach 1¹/₂ Stunden Kochzeit zu den Erbsen geben, gar kochen lassen die Erbsen durch ein Sieb streichen, erhitzen, schaumig rühren, mit
Salz **frisch gemahlenem schwarzen Pfeffer** **1 mittelgroße** **Zwiebel**	abschmecken abziehen, in Scheiben schneiden, in
40 g **zerlassener** **Butter** **oder** **50 g** **ausgelassenen** **Speckwürfeln**	braunbraten lassen, über das Erbspüree geben
Kochzeit:	2−2¹/₂ Stunden.
Beilage:	Sauerkraut, Schweinerippchen oder Pökelfleisch.

Rotkohl

1 kg Rotkohl	Von die groben äußeren Blätter entfernen, den Kohl vierteln, den Strunk entfernen, den Kohl waschen, sehr fein schneiden oder hobeln
1 große **Zwiebel**	abziehen, würfeln
3 saure Äpfel	schälen, vierteln, entkernen, kleinschneiden
60 g Gänse- **oder Schweineschmalz**	zerlassen, die Zwiebelwürfel darin hellgelb dünsten lassen,

den Kohl hinzufügen, andünsten die Äpfelstückchen,

100 g verlesene Rosinen **1 Lorbeerblatt** **einige Gewürznelken** **Salz** **Zucker** **1 Prise Zimt** **2 Eßl. Weißwein-Essig** **125 ml (¹/₈ l)** **Wasser**	hinzufügen, den Rotkohl gar dünsten lassen, mit Salz, Zucker,
Weißwein-Essig	abschmecken
Dünstzeit:	Etwa 1 Stunde.
Veränderung:	Anstelle von Wasser Weiß- oder Rotwein nehmen, evtl. auch 1 Eßl. Johannisbeergelee mitkochen.

Teltower Rübchen (Foto)

750 g **Teltower** **Rübchen**	putzen, schrappen, waschen
40 g **Margarine**	zerlassen
etwas Zucker	darin bräunen, die Rübchen darin andünsten
125 ml (¹/₈ l) **Wasser** **Salz**	hinzufügen, gar dünsten lassen nach Belieben
1 Teel. **Speisestärke** **1 Eßl. kaltem** **Wasser**	mit anrühren, die Rübchen damit binden, mit Salz abschmecken, mit
feingehackter **Petersilie**	bestreuen
Dünstzeit:	45−60 Minuten.

Rollmops in Gelee

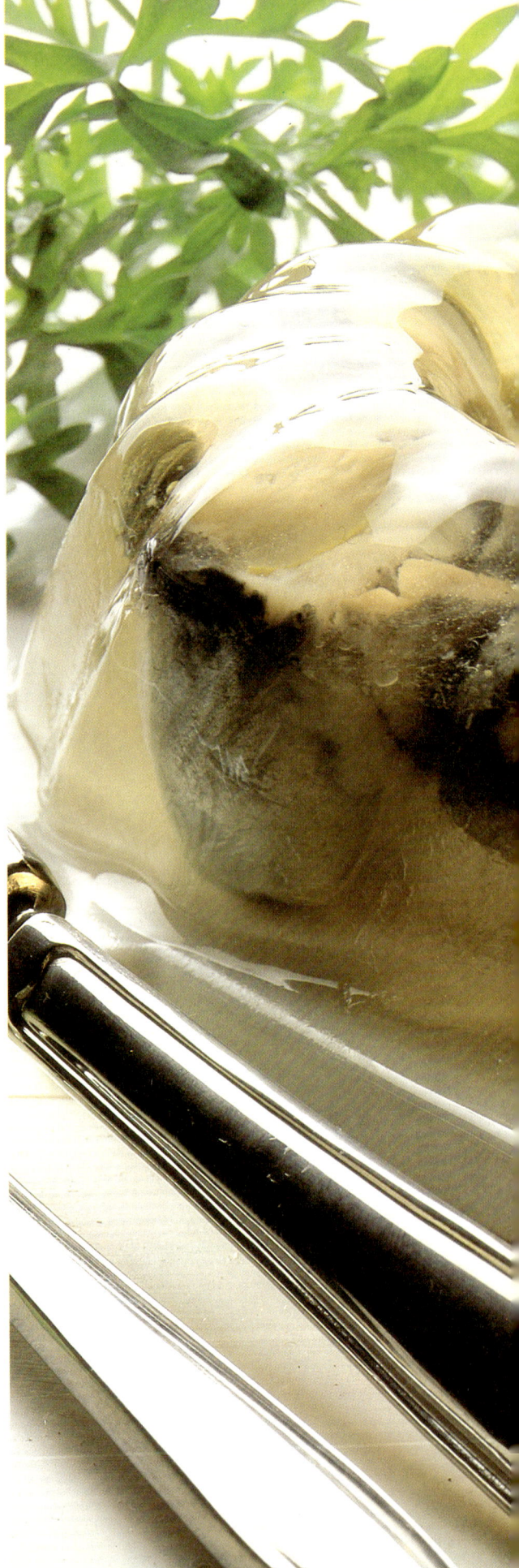

6 mittelgroße Salzheringe (je 250 g)	*ausnehmen (Köpfe abschneiden), 12—24 Stunden wässern, entgräten, waschen, abtrocknen, die Hälften mit*
1 schwach gehäuften Eßl. Senf	*bestreichen*
2 kleine Gewürzgurken	*in kleine Stücke schneiden*
2 mittelgroße Zwiebeln	*abziehen, fein würfeln, mit den Gurken,*
1 Eßl. Kapern	*auf die Heringshälften geben, vorsichtig aufrollen, mit Holzstäbchen feststecken, die Rollmöpse mit*
8 Pfefferkörnern 2 kleinen Lorbeerblättern	*in einen Steintopf legen*
125 ml (¹/₈ l) Wasser	*mit*
125 ml (¹/₈ l) Essig	*verrühren, darüber gießen, 4—6 Tage stehenlassen*
	für das Gelee
1 Päckchen Gelatine gemahlen, weiß	*mit*
250 ml (¹/₄ l) kaltem Wasser	*anrühren, 10 Minuten zum Quellen stehenlassen*
6 Eßl. Essig (mit Wasser auf 250 ml = ¹/₄ l ergänzt)	*mit*
4 Pfefferkörnern 2 Pimentkörnern (Nelkenpfeffer) 1 Gewürznelke	

Fortsetzung S. 176

1 kleinen Lorbeerblatt	*zum Kochen bringen, einmal aufkochen lassen, die Gelatine hinzufügen, rühren, bis sie gelöst ist*
	die Brühe durch ein Sieb gießen, kalt stellen
	etwas von der Brühe in eine mit kaltem Wasser ausgespülte Form geben, so daß der Boden bedeckt ist, im Kühlschrank erstarren lassen
	die Rollmöpse in Scheiben schneiden (kleine Rollmöpse halbieren), auf die erstarrte Brühe legen, den Rest der schon etwas dicklichen Brühe darüber gießen, im Kühlschrank erstarren lassen
	vor dem Servieren die Form kurz in heißes Wasser halten, das Gelee mit einem Messer vorsichtig vom Rand der Form lösen, auf eine Platte stürzen.
Beigabe:	*Graubrot und Butter.*

Aal grün (Foto)

1 kg küchenfertigen, enthäuteten Aal	*unter fließendem kalten Wasser abspülen, trockentupfen, entgräten, in Portionsstücke teilen, mit*
Zitronensaft	*beträufeln, etwa 15 Minuten stehenlassen, trockentupfen, mit*
Salz	*würzen*
1 Bund Suppengrün	*putzen, waschen, in kleine Würfel schneiden*
1 mittelgroße Zwiebel	*abziehen, halbieren Gemüsewürfel und Zwiebelhälften mit*
5 weißen Pfefferkörnern 2 Lorbeerblättern	*in*

500 ml (¹/₂ l) Salzwasser	*geben, zum Kochen bringen*
125 ml (¹/₈ l) Weinessig	*hinzugießen, zum Kochen bringen, Aalstücke,*
125 ml (¹/₈ l) Weißwein 1 Bund feingehackten Dill	*hinzufügen, zum Kochen bringen, den Fisch in 15 – 20 Minuten gar ziehen lassen*
	die Aalstücke herausnehmen, warm stellen, die Fischbrühe durch ein Sieb gießen, 500 ml (¹/₂ l) davon abmessen
	für die Soße
30 g Butter oder Margarine	*zerlassen*
35 g Weizenmehl	*unter Rühren so lange erhitzen, bis es hellgelb ist*
	die Fischbrühe hinzugießen, mit einem Schneebesen durchschlagen, darauf achten, daß keine Klumpen entstehen, die Soße zum Kochen bringen, etwa 5 Minuten kochen lassen
3 Eßl. gehackte Kräuter (Petersilie, Schnittlauch, Dill, Estragon, Sauerampfer)	*unterrühren die Soße mit Salz,*
Zitronensaft Pfeffer	*abschmecken*
Garzeit für den Fisch:	*Etwa 20 Minuten*
Kochzeit für die Soße:	*Etwa 5 Minuten.*
Beilage:	*Petersilienkartoffeln, Gurkensalat.*

Königsberger Klopse (Foto)

1 Brötchen (Semmel)	in kaltem Wasser einweichen
1 mittelgroße Zwiebel	abziehen, fein würfeln
500 g Gehacktes (halb Rind-, halb Schweinefleisch)	mit dem gut ausgedrückten Brötchen, der Zwiebel,
1 Eiweiß	
2 gestrichenen Teel. Senf	vermengen, mit
Salz	
Pfeffer	abschmecken, aus der Masse mit nassen Händen Klopse formen, in
750 ml (³/₄ l) kochendes Salzwasser	geben, zum Kochen bringen, abschäumen, die Klopse darin gar ziehen lassen (Wasser muß sich bewegen) die Brühe durch ein Sieb gießen, 500 ml (¹/₂ l) davon abmessen
	für die Soße
30 g Butter	zerlassen
35 g Weizenmehl	unter Rühren so lange darin erhitzen, bis es hellgelb ist
500 ml (¹/₂ l) Fleischbrühe	hinzugießen, mit einem Schneebesen durchschlagen, darauf achten, daß keine Klumpen entstehen, die Soße zum Kochen bringen, etwa 5 Minuten kochen lassen
1 Eigelb	mit
2 Eßl. kalter Milch	verschlagen, die Soße damit abziehen (nicht mehr kochen lassen)
1 Eßl. Kapern	hinzufügen, mit
Salz, Pfeffer	
Speisewürze	
Zitronensaft	abschmecken, die Klopse in die Soße geben, 5 Minuten darin ziehen lassen
Garzeit:	Etwa 15 Minuten.

Schmand-Schinken

600 g luftgetrockneten Schinken	in Scheiben schneiden, mit
250 ml (¹/₄ l) Milch	übergießen, an einem kühlen Ort 4—5 Stunden stehen lassen, herausnehmen, trockentupfen Milch aufbewahren, Schinken in
Weizenmehl	wenden
40 g Butter	erhitzen, die Schinkenscheiben kurz darin bräunen, in eine feuerfeste Form geben den Bratensatz mit
125 ml (¹/₈ l) Sahne	
125 ml (¹/₈ l) saurer Sahne	auffüllen, zum Kochen bringen
20 g Weizenmehl	mit der zurückgelassenen Milch verrühren, Sahne damit binden die Soße mit
Pfeffer	
Zitronensaft	mild abschmecken, über die Schinkenscheiben gießen
Kochzeit für die Soße:	5—6 Minuten.

Schlesischer Schwärtelbraten

1 1/2 kg Schweinekeule mit Schwarte	unter fließendem kalten Wasser abspülen, trockentupfen, die Schwarte so einschneiden, daß Quadrate entstehen das Fleisch mit
Salz, Pfeffer	einreiben, mit
Speiseöl	bestreichen, mit
Rosmarinblättchen	bestreuen, mit der Schwarte nach oben auf den gefetteten Rost auf eine mit Wasser ausgespülte Rostbratpfanne legen, in den vorgeheizten Backofen schieben sobald der Bratensatz bräunt,
etwas heißes Wasser	hinzugießen, das Fleisch ab und zu mit dem Bratensatz begießen, verdampfte Flüssigkeit nach und nach ersetzen etwa 30 Minuten vor Beendigung der Bratzeit das Fleisch mehrmals mit
hellem Bier	bestreichen, damit die Kruste schön kroß und braun wird
Strom:	200−225
Gas:	3−4
Bratzeit:	2−2 1/2 Stunden den garen Braten in Scheiben schneiden, auf einer vorgewärmten Platte anrichten den Bratensatz mit Wasser loskochen, durch ein Sieb gießen, zum Kochen bringen, nach Belieben
etwas Weizenmehl	mit
Weißwein	anrühren, den Bratensatz damit binden, die Soße mit
Salz Pfeffer Zucker Weißwein 3−4 Eßl.	
Sahne	abschmecken, nach Belieben unterrühren, zu dem Fleisch reichen.
Beilage:	Kartoffelklöße, Rotkohl.

Eisbein mit Sauerkraut (Foto)

1 kg Eisbein	unter fließendem kalten Wasser abspülen, in
500 ml (1/2 l) Wasser	geben, zum Kochen bringen, etwa 1 1/2 Stunden kochen lassen
1 mittelgroße Zwiebel	abziehen, mit
750 g Sauerkraut 1 Lorbeerblatt 3 Nelken	in die Kochbrühe zu dem Eisbein geben, zum Kochen bringen, noch etwa 1 Stunde kochen lassen
1 mittelgroße Kartoffel	schälen, waschen, reiben, zu dem Sauerkraut geben, kurz aufkochen lassen, damit es sämig wird, das Sauerkraut mit
Salz frisch gemahlenem weißen Pfeffer Zucker	abschmecken
Kochzeit:	Etwa 2 1/2 Stunden.
Beilage:	Erbspüree und Kartoffelbrei.

Pökelrinderbrust mit Meerrettich-Soße

1 kg gepökelte Rinderbrust	
1³/₄ l kochendes Salzwasser	*in*
	geben, zum Kochen bringen, abschäumen
1 Zwiebel	*abziehen, mit*
1 Nelke	
1 Lorbeerblatt	*spicken*
2 Wacholderbeeren	
einige weiße Pfefferkörner	
	die fünf Zutaten zu dem Fleisch geben, das Fleisch zum Kochen bringen
1 Möhre	*putzen, schrappen, waschen*
1 Stange Porree	*putzen, gründlich waschen*
1 Sellerieknolle	*schälen, waschen das Gemüse kleinschneiden, nach etwa 1 Stunde Kochzeit hinzufügen das Fleisch gar kochen lassen, aus der Brühe nehmen, etwa 10 Minuten stehenlassen, in etwa 1¹/₂ cm dicke Scheiben schneiden, auf einer vorgewärmten Platte anrichten, mit etwas von der Brühe übergießen für die Meerrettich-Soße*
30 g Butter	*zerlassen*
35 g Weizenmehl	*unter Rühren so lange darin erhitzen, bis es hellgelb ist*
250 ml (¹/₄ l) Milch	
250 ml (¹/₄ l) Rindfleischbrühe	*hinzugießen, mit einem Schneebesen durchschlagen, darauf achten, daß keine Klumpen entstehen, die Soße zum Kochen bringen, etwa 5 Minuten kochen*

Fortsetzung S. 182

3 gehäufte Eßl. geriebenen Meerrettich (aus dem Glas)	in die Soße geben (nicht mehr kochen), mit
Salz Zucker Zitronensaft	abschmecken, zu dem Fleisch reichen
Kochzeit für das Fleisch:	Etwa 2 Stunden
Kochzeit für die Soße:	Etwa 5 Minuten.
Beilage:	Preiselbeeren, Apfelmus, Salzkartoffeln.

Zwiebel-Fleisch

750 g Rindfleisch	unter fließendem kalten Wasser abspülen, in
1¹/₂ l kochendes Salzwasser	geben, zum Kochen bringen
1 Zwiebel	abziehen
1 Bund Suppengrün	putzen, waschen die Zutaten hinzufügen, das Fleisch zum Kochen bringen, gar kochen, in der Brühe erkalten lassen, trockentupfen, in Scheiben schneiden, in
Weizenmehl	wenden
Pflanzenfett	in einer Pfanne erhitzen, die Fleischscheiben hineinlegen nachdem die untere Seite gebräunt ist, mit
Salz, Pfeffer	bestreuen
5 Zwiebeln	abziehen, in Scheiben schneiden, mit in die Pfanne geben, an der Seite unter Wenden bräunen, mit Salz, Pfeffer,
gerebeltem Majoran	würzen die Fleischscheiben mit den Zwiebeln auf einer vorgewärmten Platte anrichten
Kochzeit:	Etwa 2¹/₂ Stunden
Bratzeit:	6−8 Minuten.

Rinder-Rouladen (Foto)

4 Scheiben Rindfleisch (je 150 g, aus der Keule)	mit
Salz, Pfeffer	bestreuen, mit
Senf	bestreichen
60 g durchwachsenen Speck	in Streifen schneiden
100 g Zwiebeln	abziehen, halbieren, in Scheiben schneiden
2 Gewürzgurken	in Streifen schneiden die Zutaten auf die Fleischscheiben geben, von der schmalen Seite her aufrollen, mit Holzstäbchen oder Fäden zusammenhalten
40 g Pflanzenfett	erhitzen, die Rouladen von allen Seiten gut darin anbraten
2 mittelgroße Zwiebeln	abziehen, vierteln
1 Bund Suppengrün	putzen, waschen, kleinschneiden, beide Zutaten kurz mitbraten lassen etwas
heißes Wasser	hinzugießen, die Rouladen schmoren lassen, von Zeit zu Zeit wenden, verdampfte Flüssigkeit nach und nach durch heißes Wasser ersetzen die garen Rouladen (Holzstäbchen oder Fäden entfernen), auf einer vorgewärmten Platte anrichten, warm stellen den Bratensatz mit Wasser auf 375 ml (³/₄ l) auffüllen, zum Kochen bringen
20 g Weizenmehl	mit
3 Eßl. kaltem Wasser	anrühren, die Flüssigkeit damit binden, die Soße mit Salz, Pfeffer abschmecken
Schmorzeit:	Etwa 1¹/₂ Stunden.

Leber Berliner Art (Foto)

4 Scheiben Schweineleber (je 80—100 g)	unter fließendem kalten Wasser abspülen, trockentupfen, in
Weizenmehl	wenden
Butter	zerlassen, die Leberscheiben von beiden Seiten darin braten, mit
Salz	bestreuen, warm stellen
3 Zwiebeln	abziehen
Butter	zerlassen, die Zwiebelscheiben darin goldgelb dünsten lassen, auf die Leberscheiben verteilen
2 Äpfel	schälen, das Kerngehäuse ausstechen, die Äpfel in Scheiben schneiden, in dem Bratfett anbraten, mit den Leberscheiben anrichten
Bratzeit für die Leber:	6—10 Minuten.

Königsberger Fleck

1 kg gesäuerten Jung-Rindermagen	unter fließendem kalten Wasser abspülen, in eine Schüssel legen, mit Wasser begießen, etwa 3 Stunden stehenlassen, Wasser ab und zu erneuern, den gewässerten Rindermagen herausnehmen, abtropfen lassen, kräftig mit
Salz	
Weizenmehl	abreiben, nochmals unter fliessendem kalten Wasser abspülen, in einen Topf geben, mit Wasser auffüllen, zum Kochen bringen, etwa 1 Stunde kochen lassen, herausnehmen, abtropfen lassen, in 3 x 3 cm große Quadrate schneiden, die Kochbrühe weggießen, die Fleischquadrate mit
2 l heißer Fleischbrühe	auffüllen
1 Bund Suppengrün	putzen, waschen, kleinschneiden
1 Zwiebel	abziehen, vierteln, mit dem Suppengrün,
1 Lorbeerblatt **6 Pfefferkörnern** **6 Pimentkörnern** **1/2 Teel. gerebeltem Majoran**	in die Brühe geben, zum Kochen bringen, etwa 4 Stunden kochen Suppengrün und Zwiebeln entfernen, die „Flecke" (Quadrate) mit einem Schaumlöffel aus der Brühe nehmen, warm stellen, die Brühe durch ein Sieb gießen, 500 ml (1/2 l) davon abmessen für die Soße
40 g Butter	zerlassen
40 g Weizenmehl	unter Rühren so lange erhitzen, bis es hellgelb ist, die abgemessene Fleischbrühe hinzugiessen, mit einem Schneebesen durchschlagen die Soße zum Kochen bringen, etwa 5 Minuten kochen lassen

1 Eßl. Essig Pfeffer, Zucker	*in die Soße rühren, mit Salz, abschmecken, die Rindermagenquadrate wieder hinzugeben, kurz miterhitzen, in eine vorgewärmte Schüssel füllen*
Kochzeit:	*Etwa 5 1/2 Stunden.*

Pommersche Gans (Foto)

1 küchenfertige Gans (3,5—4 kg)	*unter fließendem kalten Wasser abspülen, trockentupfen, Keulen und Flügel mit Küchengarn am Rumpf befestigen, die Gans innen mit*
Salz gerebeltem Majoran	*einreiben* *für die Füllung*
3 Äpfel	*schälen, vierteln, entkernen, in Scheiben schneiden, mit*
200 g eingeweichten, entsteinten Backpflaumen 2 Eßl. Zucker 1/2 Teel. gemahlenem Zimt 4 Eßl. geriebenem Schwarzbrot 2 Eßl. Weinbrand	*vermengen, die Gans damit füllen, mit Küchengarn zunähen die Gans mit dem Rücken nach unten auf den Rost in eine mit Wasser ausgespülte Rostbratpfanne legen, auf der unteren Schiene in den vorgeheizten Backofen schieben, etwas*
heißes Wasser	*hineingießen* *während des Bratens ab und zu unterhalb der Flügel und Keulen in die Gans stechen, damit das Fett besser ausbraten kann das sich sammelnde Fett ab und zu über die Gans gießen, hin und wieder auch abschöpfen*

	sobald der Bratensatz bräunt, etwas
heißes Wasser	*hinzugießen, die Gans ab und zu mit dem Bratensatz begießen, verdampfte Flüssigkeit nach und nach ersetzen* *etwa 10 Minuten vor Beendigung der Garzeit die Gans mit*
kaltem Salzwasser	*bestreichen, die Hitze auf stark stellen, damit die Haut schön kroß wird* *die gare Gans auf einer vorgewärmten Platte anrichten (Fäden entfernen), warm stellen den Bratensatz mit Wasser loskochen, durch ein Sieb gießen, mit Wasser auf 500 ml (1/2 l) auffüllen, auf der Kochstelle zum Kochen bringen*
1—2 Eßl. Speisestärke 4 Eßl. Sahne 2 Eßl. Apfelmus Weinbrand	*mit* *anrühren, den Bratensatz binden* *unterrühren, mit* *abschmecken*
Strom:	*175—200,* **Gas:** *3—4*
Bratzeit:	*2 1/2—3 Stunden.*

Schälklöße in Rindfleischsuppe

Für die Rindfleischsuppe

**375 g Rind-
fleisch
250 g Mark-
knochen**

beide Zutaten unter fließendem
kalten Wasser abspülen, in

**2 l kaltes
Salzwasser** geben, zum Kochen bringen
3 Möhren putzen, schrappen
**1 Stück
Sellerie** schälen
350 g Erbsen auspahlen
das Gemüse waschen, etwa 30 Minuten vor Beendigung der Kochzeit in die Brühe geben, zum
Kochen bringen, gar kochen
das gare Fleisch herausnehmen,
in Würfel schneiden
die Brühe durch ein Sieb gies-
sen, Sellerie und Möhren in Würfel schneiden, mit den Erbsen
und den Fleischwürfeln in die
Brühe geben, warm stellen
für die Schälklöße

**600 g gekoch-
te Kartoffeln
(vom Vortag)** reiben, in eine Schüssel geben,
mit

**Weizenmehl
1—2 Eiern
Salz** zu einem geschmeidigen Teig ver-
kneten, die Tischplatte gut mit
Weizenmehl bestäuben, den Teig
darauf dünn ausrollen, mit

**gebräunter
Butter** bestreichen
Semmelbrösel darüber streuen, den Teig zusam-
menrollen, in etwa 1 cm breite
Scheiben schneiden
die Rindfleischbrühe wieder zum
Kochen bringen, die Teigschnek-
ken hineingeben, in wenigen
Minuten gar ziehen lassen (Schäl-
klöße sind gar, wenn sie an der
Oberfläche schwimmen)

**gehackte
Petersilie** über die Suppe streuen
Garzeit: Etwa 2^{1}/2 Stunden.

186

Ostpreußischer Fischtopf

200 g Weiße Bohnen **1 l Wasser**	waschen, in 12–24 Stunden einweichen, in dem Einweichwasser zum Kochen bringen, die Bohnen in etwa 1 Stunde fast weich kochen
2–3 Zwiebeln **50 g Butter**	abziehen, fein würfeln zerlassen, die Zwiebeln darin andünsten
250 g enthäutete Tomaten	in kleine Würfel schneiden (die Stengelansätze entfernen), mit
2 Eßl. Tomatenmark	zu den Zwiebeln geben, mitdünsten lassen von der Bohnenkochflüssigkeit 1 l abmessen, hinzufügen, zum Kochen bringen
250 g Kartoffeln	schälen, waschen, in kleine Würfel schneiden, hinzufügen, zum Kochen bringen, etwa 15 Minuten kochen lassen
500 g Seelachsfilets	unter fließendem kalten Wasser abspülen, trockentupfen, in kleine Stücke schneiden, zu den Kartoffeln geben, gar ziehen lassen die Bohnen ohne Flüssigkeit in den Eintopf geben, mit
Salz, Pfeffer gerebeltem Majoran	würzen, mit
1 Eßl. gehackter Petersilie	bestreut servieren
Garzeit:	Etwa 1 1/2 Stunden.

Stampfkartoffeln

1 kg Kartoffeln	schälen, waschen, in Stücke schneiden, in
Salzwasser	zum Kochen bringen, gar kochen lassen, abgießen, mit dem Kartoffelstampfer zerdrücken, nach und nach

250 ml (1/4 l) heiße Milch **60 g weiche Butter**	unterrühren, so lange rühren, bis ein geschmeidiger Brei entstanden ist, mit
Salz geriebener Muskatnuß	abschmecken.
Kochzeit:	20–25 Minuten.
Beigabe:	Gebräunte Zwiebelringe, Buttermilch.

Schlesische Kartoffelsuppe (Foto)

1 Zwiebel	abziehen, würfeln
75 g durchwachsenen Speck	in Würfel schneiden
2–3 Eßl. Speiseöl	erhitzen, Zwiebel und Speck darin andünsten
1/2 Sellerieknolle	schälen, waschen, in Würfel schneiden
1 Stange Porree	gründlich waschen, in Scheiben schneiden (evtl. nochmals waschen)
500 g Kartoffeln	schälen, waschen, in Würfel schneiden das Gemüse zu der Speck-Zwiebel-Masse geben, mitdünsten lassen
1 l Wasser	hinzugießen
3 gestrichene Eßl. Klare Instant-Fleischbrühe	unterrühren, zum Kochen bringen, gar kochen lassen
2 Paar Knoblauchwürste **2–3 Gewürzgurken**	die beiden Zutaten in Scheiben schneiden, kurz vor Beendigung der Garzeit in die Suppe geben, miterhitzen
Garzeit:	Etwa 35 Minuten.

Bechamel-Kartoffeln (im Foto oben)

750 g kleine Kartoffeln **Wasser**	in so viel zum Kochen bringen, daß die Kartoffeln bedeckt sind, gar kochen lassen, abgießen, mit kaltem Wasser übergießen, pellen
75 g durchwachsenen Speck	in Würfel schneiden
1 Eßl. Butter	zerlassen, die Speckwürfel darin ausbraten
1 Zwiebel	abziehen, würfeln, darin andünsten, mit
25 g Weizenmehl	bestäuben, kurz miterhitzen
250 ml (¹/₄ l) Fleischbrühe **125 ml (¹/₈ l) Milch** **125 ml (¹/₈ l) Schlagsahne**	hinzugießen, mit einem Schneebesen durchschlagen, darauf achten, daß keine Klumpen entstehen die Soße zum Kochen bringen, etwa 5 Minuten kochen lassen, mit
Salz, Pfeffer geriebener Muskatnuß	würzen die lauwarmen Kartoffeln in die Soße schneiden, unter vorsichtigem Umrühren darin erhitzen
2 Eßl. gehackte Petersilie	unterrühren
Kochzeit für die Kartoffeln: **für die Soße:**	20–25 Minuten 5–10 Minuten.

Ostdeutscher Kartoffelsalat
(im Foto unten)

1 kg Salatkartoffeln **Wasser**	waschen, in so viel zum Kochen bringen, daß die Kartoffeln bedeckt sind, gar kochen lassen, abgießen, abdämpfen,
	Kartoffeln noch heiß pellen
2 Salzgurken	beide Zutaten in dünne Scheiben schneiden
2 Zwiebeln	abziehen, würfeln
	für die Salatsoße
4 Eßl. Salatöl	mit
5 Eßl. Kräuteressig **Salz** **Pfeffer** **Zucker**	verrühren die Salatsoße mit den Salatzutaten vermengen, gut durchziehen lassen
200 g durchwachsenen Speck	in Würfel schneiden
3 Eßl. Speiseöl	erhitzen, die Speckwürfel darin ausbraten, mit
5 Eßl. Wasser	loskochen die Speckgrieben mit der Flüssigkeit über den Kartoffelsalat geben
Kochzeit:	20–25 Minuten.

Hefeklöße (Foto)

500 g Weizen-mehl	in eine Schüssel sieben, mit
1 Päckchen Trocken-Hefe	sorgfältig vermischen
1 Teel. Zucker	
Salz	
300 ml lau-warme Milch	hinzufügen, alles mit einem elektrischen Handrührgerät mit Knethaken zuerst auf der niedrigsten, dann auf der höchsten Stufe in etwa 5 Minuten zu einem Teig verarbeiten, sollte er kleben, noch etwas Mehl hinzufügen

den Teig an einem warmen Ort so lange stehenlassen, bis er etwa doppelt so hoch ist, ihn dann auf höchster Stufe nochmals durchkneten, zu einer Rolle formen, in 12 Stücke teilen, daraus Klöße formen

die Klöße auf einem bemehlten Brett abgedeckt nochmals so lange an einem warmen Ort stehenlassen, bis sie sich etwa verdoppelt haben

einen breiten Topf bis zu etwa $^1/_3$ mit

Wasser	füllen, ein Küchenhandtuch über die Topföffnung legen, mit Küchengarn festbinden, das Wasser zum Kochen bringen

die Klöße nebeneinander auf das Küchenhandtuch legen, mit einer Schüssel oder Topf entsprechender Größe bedecken, gar dämpfen lassen (Klöße evtl. in 2 Portionen gar dämpfen)

die Klöße in einer vorgewärmten Schüssel anrichten, sofort mit

125 g zer-lassener, ge-bräunter Butter	servieren
Dämpfzeit:	Etwa 15 Minuten.
Beigabe:	Heidelbeer- oder Sauerkirsch-kompott, Zimt-Zucker.

Kartoffelklöße

750 g mehlig-kochende Kartoffeln	waschen, in so viel Wasser zum Kochen bringen, daß die Kartoffeln bedeckt sind, gar kochen lassen, abgießen, abdämpfen, heiß pellen, durch die Kartoffelpresse geben
100 g gesiebtes Weizenmehl	mit
1 Ei	
Salz	und nach Belieben
geriebener Muskatnuß	verkneten

die Klöße in

kochendes Salzwasser	geben, zum Kochen bringen, gar ziehen lassen
Kochzeit für die Kartoffeln:	20–25 Minuten
Garzeit für die Klöße:	Etwa 15 Minuten. Kartoffelklöße zu Rinderbraten und Rotkohl reichen.

191

Pflaumen-Kompott (Foto)

500 g Pflaumen	waschen, halbieren, entsteinen
125 ml (¹/₈ l) Wasser	mit
50 g Zucker	zum Kochen bringen, Pflaumen,
1 Stück Stangenzimt	
3 Nelken (nach Geschmack)	hineingeben, zum Kochen bringen, weich kochen das Kompott erkalten lassen, evtl. mit
Zucker	abschmecken.

Mohnklöße

375 g gemahlenen Mohn	mit
500 ml (¹/₂ l) kochender Milch	übergießen, etwa 10 Minuten quellen lassen
2—3 Eßl. Honig oder Sirup	
100 g zerlassene Butter	
100 g Rum-Rosinen	unterrühren
3—4 Brötchen (Semmeln)	in Scheiben schneiden Brötchen und Mohnmasse abwechselnd in eine Glasschüssel schichten, die oberste Schicht soll aus Mohn bestehen, mit
1—2 Eßl. Zucker	bestreuen
5 Eßl. heißes Wasser oder Rum	darüber geben die Mohnklöße 10—12 Stunden kalt stellen (Kühlschrank), mit einem Eßlöffel Portionsstücke abstechen, als Dessert servieren.

192

Mohnkuchen mit Streuseln

Für den Teig

500 g Weizenmehl in eine Schüssel sieben, mit

1 Päckchen Trocken-Hefe sorgfältig vermischen

75 g Zucker
1 Päckchen Vanille-Zucker
Salz
75 g zerlassene, lauwarme Butter oder Margarine
250 ml (¹/₄ l) lauwarme Milch hinzufügen, alles mit einem elektrischen Handrührgerät mit Knethaken zuerst auf der niedrigsten, dann auf der höchsten Stufe in etwa 5 Minuten zu einem Teig verarbeiten, an einem warmen Ort so lange stehenlassen, bis er etwa doppelt so hoch ist, ihn dann auf der höchsten Stufe nochmals gut durchkneten den Teig auf einem gefetteten Backblech ausrollen, vor den Teig einen mehrfach umgeknickten Streifen Alufolie legen

für den Belag

500 g gemahlenen Mohn mit heißem Wasser überbrühen, etwas quellen, gut abtropfen lassen

125 g Zucker
1 Päckchen Vanille-Zucker
4 Tropfen Backöl Zitrone
¹/₂ gestrichenen Teel. gemahlenen Zimt
75 g zerlassener Butter oder Margarine hinzugeben, mit

knapp 125 ml (¹/₈ l) heisser Milch oder 1 Eßl. Honig zu seiner streichfähigen Masse verrühren

75 g verlesene Rosinen unterheben, die Masse abkühlen lassen, gleichmäßig auf den Teig streichen

für die Streusel

200 g Weizenmehl in eine Schüssel sieben

100 g Zucker
1 Päckchen Vanille-Zucker
1 Messerspitze gemahlenen Zimt
100 g Butter oder Margarine (in Flöckchen) dazugeben, zu Streuseln vermengen, gleichmäßig auf den Belag streuen
vor den Teig einen mehrfach geknickten Streifen Alufolie legen

Strom: 175–200 (vorgeheizt)
Gas: 5 Minuten vorheizen 3–4, backen 3–4
Backzeit: 25–30 Minuten.

Alphabetisches Rezeptverzeichnis

Alphabetisches Rezeptverzeichnis

Alphabetisches Rezeptverzeichnis

Die traditionelle deutsche Küche hat es in sich: nämlich eine reiche Auswahl deftiger Speisen. Und was schon unseren Großeltern schmeckte, ist nicht gerade arm an Kalorien. Doch wer möchte nicht ab und zu einen saftigen Braten oder einen kräftigen Eintopf genießen? Auf die klassischen Zutaten kann kaum verzichtet werden, denn gerade sie geben den besonderen Geschmack.

Bleibt also die Art der Zubereitung, um Kalorien zu sparen. Die AMC-Garmethode bietet sich hier an. Denn dabei wird ohne zusätzliches Fett und Wasser gegart.

Die AMC-Töpfe sind mit einem speziellen Boden ausgestattet. Hier wird auch die kleinste Wärmezufuhr gespeichert und gleichmäßig an die Speisen weitergegeben. Zusätzlich sorgt eine Temperatur-Anzeige für optimale Kontrolle.

So wird schonend gegart: Vitamine und Mineralstoffe bleiben weitgehend erhalten, die Speisen können ihren Eigengeschmack entwickeln.

Und noch ein Plus: Die AMC-Gar- und Serviereinheiten können untereinander kombiniert werden. Das erspart so manchen Handgriff in der Küche. In diesem Buch haben wir auf den Seiten 45, 122 und 142 AMC-Gareinheiten abgebildet.